Rund um den Roman

Kopiervorlagen für den Deutschunterricht in der Oberstufe

Erarbeitet von
Helmut Hindinger-Back
und Alexander Wolf

Cornelsen

Redaktion: Dirk Held, Berlin
Bildrecherche: Angelika Wagener

Illustration: Henriette von Bodecker, Berlin
Umschlaggestaltung: Ungermeyer, Berlin
Technische Umsetzung: FKW, Berlin

www.cornelsen.de

Die Links zu externen Webseiten Dritter, die in diesem Lehrwerk angegeben sind, wurden vor Drucklegung sorgfältig auf ihre Aktualität geprüft. Der Verlag übernimmt keine Gewähr für die Aktualität und den Inhalt dieser Seiten oder solcher, die mit ihnen verlinkt sind.

1. Auflage, 1. Druck 2011

Druck: H. Heenemann, Berlin

ISBN 978-3-464-60535-6

Inhalt gedruckt auf säurefreiem Papier aus nachhaltiger Forstwirtschaft.

Inhaltsverzeichnis

Übersicht: Texte, Epochen, Aspekte der Texterschließung 4
Vorwort und methodische Hinweise 6

Grundwissen rund um den Roman

Eine Annäherung: Was ist Epik? .... anhand eines poetologischen Textes über die Probleme und Aufgaben des Gegenwartsromans nachdenken; eine Mindmap zu den Begriffen „Epik" und „Roman" anlegen 7

Die entscheidende Frage: Wer spricht eigentlich? .... Erzählstrategien kennen lernen 9

Wie beginnen? .... Romananfänge analysieren und schreiben 10

Wie enden? .... Romanschlüsse analysieren 14

Dichterwerkstatt: Quellensuche .... den Umgang mit Quellen und die Verwandlung eines Sachtextes in einen literarischen Text untersuchen; einen Sachtext in einen literarischen Text umschreiben 18

Themen und Techniken des Gegenwartsromans

Groteske Empfindsamkeit .... empfindsame Briefromane aus drei Epochen vergleichen; den Begriff „Pikaro" erklären 24

Die Einsamkeit überwinden .... epochenspezifische Kommunikationsprobleme herausarbeiten; Naturschilderungen deuten; einen Text anhand einer Rezension und eines Interviews diskutieren 29

Über das Wetter reden .... die symbolische Bedeutung des Wetters in Texten entschlüsseln; selbstreferenzielles Erzählen analysieren; ein Interview schreiben 34

Scheiternde Helden .... eine Figur charakterisieren; die Bedeutung des Scheiterns im Gegenwartsroman anhand eines poetologischen Textes untersuchen; einen Perspektivenwechsel literarisch gestalten 39

Gebrochener Realismus I: Vor- und Verstellungen .... den Begriff „Realismus" definieren und anhand von Texten aus verschiedenen Epochen analysieren; den Standpunkt des Erzählers untersuchen; einen Text weiterschreiben 43

Gebrochener Realismus II: Erfundene Geschichte? .... den Umgang mit Historie und historischen Persönlichkeiten in der Fiktion anhand von verschiedenen Texten und einer poetologischen Stellungnahme untersuchen; rhetorische Mittel analysieren 48

Augenblick und Unendlichkeit .... die Gestaltung der Zeit analysieren; die Figuren aus zwei Romanen vergleichen; eine Hommage deuten; in einem eigenen Text die Zeit dehnen 54

Von Automaten und Augen – männliche und weibliche Blicke .... weibliche und männliche Blicke innerhalb von Paarbeziehungen analysieren; das Automatenmotiv herausarbeiten 60

Teufelszeug – postmoderner Wirrwarr? .... traditionelle und moderne Erzählstrategien untersuchen; den Begriff „Postmoderne" erläutern; sich mit den Thesen einer Rezension auseinandersetzen 65

Überschreibungen .... intertextuelle Bezüge herausarbeiten und deuten 72

Glossar 76
Quellen 79

Übersicht	Aspekte der			
	Autorintention / Schreibimpulse	Romananfang / Romanschluss	Figuren-charakteristik	Raum-symbolik
Aufklärung / Empfindsamkeit				
Sophie La Roche, Geschichte des Fräuleins von Sternheim				
Sturm und Drang				
Johann Wolfgang von Goethe, Die Leiden des jungen Werther				
Klassik				
Johann Wolfgang von Goethe, Die Wahlverwandtschaften	•	•		
Romantik				
Friedrich de la Motte Fouqué, Undine		•		
Friedrich de la Motte Fouqué, Die vierzehn glücklichen Tage				
E. T. A. Hoffmann, Der Sandmann				
Biedermeier				
Eduard Mörike, Mozart auf der Reise nach Prag				
Realismus				
Theodor Fontane, Jenny Treibel	•			
Wilhelm Raabe, Zum wilden Mann				
Theodor Storm, Immensee			•	
Jahrhundertwende („klassische“ Moderne)				
Thomas Mann, Tristan				•
Thomas Mann, Buddenbrooks			•	
Gegenwartsroman				
Wolf Haas, Das Wetter vor 15 Jahren				
Uwe Johnson, Jahrestage				•
Daniel Kehlmann, Beerholms Vorstellung	•			•
Daniel Kehlmann, Die Vermessung der Welt				
Georg Klein, Roman unserer Kindheit		•		
Helmut Krausser, Der große Bagarozy				
Benjamin Lebert, Kannst du			•	
Uwe Tellkamp, Der Turm			•	
Uwe Timm, Rot	•	•		
Alissa Walser, Am Anfang war die Nacht Musik				
Dieter Wellershoff, Der Sieger nimmt alles	•		•	
Feridun Zaimoglu, Liebesmale, scharlachrot				

Texterschließung					Umgang mit Sachtexten	Erzähltheorie	Kreatives Schreiben
Natur-symbolik	Sprachwelt	Zeitstruktur	Intertextualität	Gender			
	•				•	•	
	•				•	•	
					•	•	•
					•	•	•
			•		•	•	•
				•	•		•
	•				•	•	•
					•	•	•
•						•	•
•					•		•
			•				
		•	•		•		•
•						•	•
			•				
					•	•	•
	•				•	•	•
					•	•	•
			•		•	•	•
•					•		•
		•	•		•		•
					•	•	•
				•	•		•
					•	•	•
	•				•	•	

Vorwort und methodische Hinweise

Das vorliegende Heft stellt eine Auswahl von Texten vorrangig aus der **zeitgenössischen deutschen Romanliteratur** zur Verfügung, die in Ergänzung zu den gängigen Schulbüchern einen Überblick über die facettenreiche Entwicklung des Romans im 20. und 21. Jahrhundert geben will.

Die präsentierten Texte und Aufgabenstellungen verstehen sich nicht als geschlossener Lehrgang, sondern als flexibel einsetzbares Material für Unterrichtsstunden, in denen es einerseits um die Stärkung der Methodenkompetenz der Schülerinnen und Schüler geht, andererseits aber auch um den spielerischen und kreativen Umgang mit moderner Literatur. Deshalb ist die Anordnung der Texte grundsätzlich thematisch orientiert und folgt nicht einem chronologischen Schema.

Als „Navigationshilfe" durch das Heft kann die inhaltliche **Übersicht** auf den Seiten 4 und 5 dienen, die einen Überblick über die behandelten literarischen Strömungen und Epochen einerseits und die in den Aufgabenstellungen jeweils besonders behandelten Arbeitstechniken andererseits gibt.

Schwerpunkt des Heftes ist der moderne Roman, als „Kontrastfolie" werden in den einzelnen Kapiteln aber auch Auszüge aus Erzähltexten früherer Epochen herangezogen, um ein Verständnis dafür zu wecken, auf welche Weise Grundmotive in der Literatur verschiedener Zeiten thematisiert werden. Damit sollen auch übergreifende Zusammenhänge und intertextuelle Verweise verdeutlicht werden. Als Vergleichstexte aus älteren Epochen wurden teilweise auch Auszüge aus kürzeren Prosaformen herangezogen, wenn dies inhaltlich sinnvoll und notwendig war. Außerdem wurden erzähltheoretische Äußerungen der Schriftsteller zu ihrem eigenen Werk aufgenommen, um schlaglichtartig auch unterschiedliche poetologische Positionen moderner deutscher Autoren zu erhellen.

Informationen zu den behandelten Autoren, Themen und Texten sowie knappe Hinweise zu den jeweiligen Aufgabenstellungen sollen den Schülerinnen und Schülern die Bearbeitung der Aufgaben erleichtern sowie eine Überprüfung der Ergebnisse ermöglichen, zu der sie am Ende eines jeden Kapitels aufgefordert werden. Außerdem dient diese Lösungsseite den Lehrkräften zur Orientierung hinsichtlich der inhaltlichen und methodischen Gestaltung der einzelnen Unterrichtseinheiten.

Eine Annäherung: Was ist Epik?

In seiner Leipziger Poetikvorlesung geht Uwe Tellkamp 2009 auch auf den Epik-Begriff und auf die Aufgaben von Kunst und Künstlern in unserer Zeit ein.

Aufgabe

1. Lesen Sie den Text auf den Seiten 7 und 8 und markieren Sie zentrale Aussagen.

Epik: eine Literatur des Nicht-Auflösbaren, prinzipiell, in einer Zeit, die nach schnellen Lösungen verlangt, des Anfangs- und Endelosen (denn die Geburt weiß man nicht und wohl auch nicht mehr die Sekunde des Todes); Anerkennung der Chance zur Genauigkeit, die das Ausführliche, das mit dem Geschwätzigen nicht verwechselt werden darf, bereithält, Anerkennung des Aus- und Standhaltens, der Ruhe, der Unbotmäßigkeit, des Plädoyers für Abschweifung, Geduld, Barock, Fülle, Vagabondage, die mit strenger Komposition dennoch zusammengehen kann, denn das Epische, wie ich es verstehe und bei Johnson, Proust, Mann, Tolstoi liebe, ist nicht das Formlos-Aufgedunsene, sondern das gefasste Humanum und heute, in der Zeit des kurzen und gefangenen Atems, ein Beispiel für Freiheit.

Epiker in kunstfremder Zeit. Kunstfremd (nicht -feindlich, denn Feindseligkeit, wie es sie im Sozialismus gab, nimmt noch ernst): weil Kunst „das Andere" ist, Spiel, Zweckfreiheit, Nutzlosigkeit, der Traum des Menschen, seine Unschuld. Ich sehe heute die Bevorzugung des Temperierten, der mittleren Preislagen, es heißt, der Künstler solle nicht „zu weit gehen" – aber wohin denn sonst als zu weit „soll" der Künstler gehen, will er diesen Namen verdienen? Kunst heißt nicht hübsch und nett sein, glatt und bestsellertauglich, auch rezensententauglich inzwischen, indem man die „do's and don'ts" nicht vergisst und weiß, was man „darf und was nicht". Kunst, der ich diesen Namen gebe, heißt Erweiterung der Grenzen, Polar- und Urwaldexpedition des Geistes, heißt Weltschöpfertum und prometheische Anmaßung des Gottspielens, heißt Größenwahn und Widerstand, unerbittliche (auch gegen sich selbst) Suche nach Wahrhaftigkeit (wenn Wahrheit, schon gar „die", nicht zu haben ist), heißt Bemühen um größtmögliche Genauigkeit (denn Genauigkeit ist Liebe) und Nuancenreichtum (denn Menschen sind widersprüchlich und auf einen Nenner nicht zu bringen), heißt, so es die Literatur betrifft, Kampf gegen die zunehmende Verluderung der Sprache; wagt Pathos, aber eines, das weder sentimental noch hochtrabend ist: Ironie stellt in Frage, Pathos sucht nach einer Antwort, Ironie ist nicht Humor, Epik aber kommt ohne Humor, das lösende Feuchte, das meerische Element, nicht aus, Ironie, methodisch gebraucht, wird zur Gefangenschaft der Mutlosen, leicht zum Zynismus und dann unfähig zum Beginnen.

Fortsetzung auf Seite 8

Fortsetzung von Seite 7

Kunst, wie ich sie verstehe, meint den unbändigen Menschen, der sich nicht anerkennt, nicht seine Grenzen, deren tastbare der Körper und deren unwiderruflichste der Tod ist. Kunst ist und fordert Utopie; das Problem des heutigen Menschen ist die anscheinende Unmöglichkeit der Utopie, totale Gegenwart ist, nach den ideologischen Katastrophen des 20. Jahrhunderts, die einzig übriggebliebene Verheißung. Visionen sind diskreditiert, wer welche hat, dem wird der Augenarzt empfohlen, oder es wird mitleidig abgewinkt. Daraus folgt der Verlust des Gedächtnisses (wer die Zukunft nur als fortgesetzte Gegenwart sieht, braucht ja keines), die schwere Betäubung und Melancholie, die wie ein Albdruck auf vielen Menschen lastet, die Gleichgültigkeit gegenüber der Vergangenheit und die Angst gegenüber dem Kommenden. Wie sollen wir leben? Auf diese Frage gibt es noch immer keine Antwort. Links und rechts, die alten Gegensätze, wollen für unser heutiges Lebensempfinden nicht mehr taugen. Wir sind ratlos. Wir wissen nicht, was tun. Können wir hoffen? Und worauf? Und wieso halte ich mich und Sie mit diesen am Ende unbeantwortbaren Fragen auf?

Die Zeit, in der wir leben, bedarf der Korrektur, und ich versuche, indem ich Menschen beim Leben zusehe und die Waghalsigkeit begehe, sie darzustellen, meinen Teil zu leisten. Episches Schreiben ist ein Unterfangen zur Weltrettung durch Wahrheitsfindung, das ist ebenso donquichottesk wie notwendig. Erlauben Sie mir eine weitere humoristische Bemerkung: Ohne Wahrheit gibt es kein Recht – um von Gerechtigkeit nicht zu sprechen; ohne Recht gibt es kein menschenwürdiges Gemeinwesen; „zeig mir mein Gesicht“, lautet einer der ältesten Wünsche an die Spiegel. Das Meer ehrt uns mit Schweigen. Uns bleibt das Trotzdem. [...]

Uwe Tellkamp

Aufgaben

2. Informieren Sie sich in einem Literatur-Lexikon über die Begriffe „Epik“ und „Roman“. Halten Sie jeweils in Stichpunkten die wichtigsten Kennzeichen fest (z. B. in einer Mindmap) und grenzen Sie die beiden Begriffe voneinander ab.

3. Welchen Widerständen und Problemen sieht sich ein Romanautor laut Tellkamp heute ausgesetzt? Fassen Sie Tellkamps Standpunkt mit eigenen Worten zusammen.

4. Welche Aufgabe kommt der Kunst laut Tellkamp zu? Welchen Anspruch sollte ein Autor haben? Beziehen Sie in Ihre Antwort die folgende Äußerung mit ein: „Das Meer ehrt uns mit Schweigen. Uns bleibt das Trotzdem.“

5. Nehmen Sie persönlich Stellung zu den Problemen, die Tellkamp in seiner Poetikvorlesung anspricht. Begründen Sie Ihre Meinung ggf. mit eigenen Lektüreerfahrungen.

6. Diskutieren Sie in der Klasse die gesellschaftliche Relevanz von Kunst.

Die entscheidende Frage: Wer spricht eigentlich?

Die Geschichte oder die Handlung eines Romans wird uns nicht von seinem Autor, sondern von einer fiktiven Figur, nämlich vom Erzähler, vermittelt. Dieser Erzähler kann sich sehr unterschiedlicher Erzählstrategien bedienen, von denen im folgenden Schaubild einige abgebildet sind. Eine zentrale Frage dabei ist die nach dem Standpunkt des Erzählers: Ist er Teil der erzählten Welt? Wie nah steht er der erzählten Welt? Was kann er von seinem Standpunkt aus über die Figuren wissen?

Aufgaben

1. Betrachten Sie das Schaubild und setzen Sie es in einen erläuternden Text um.

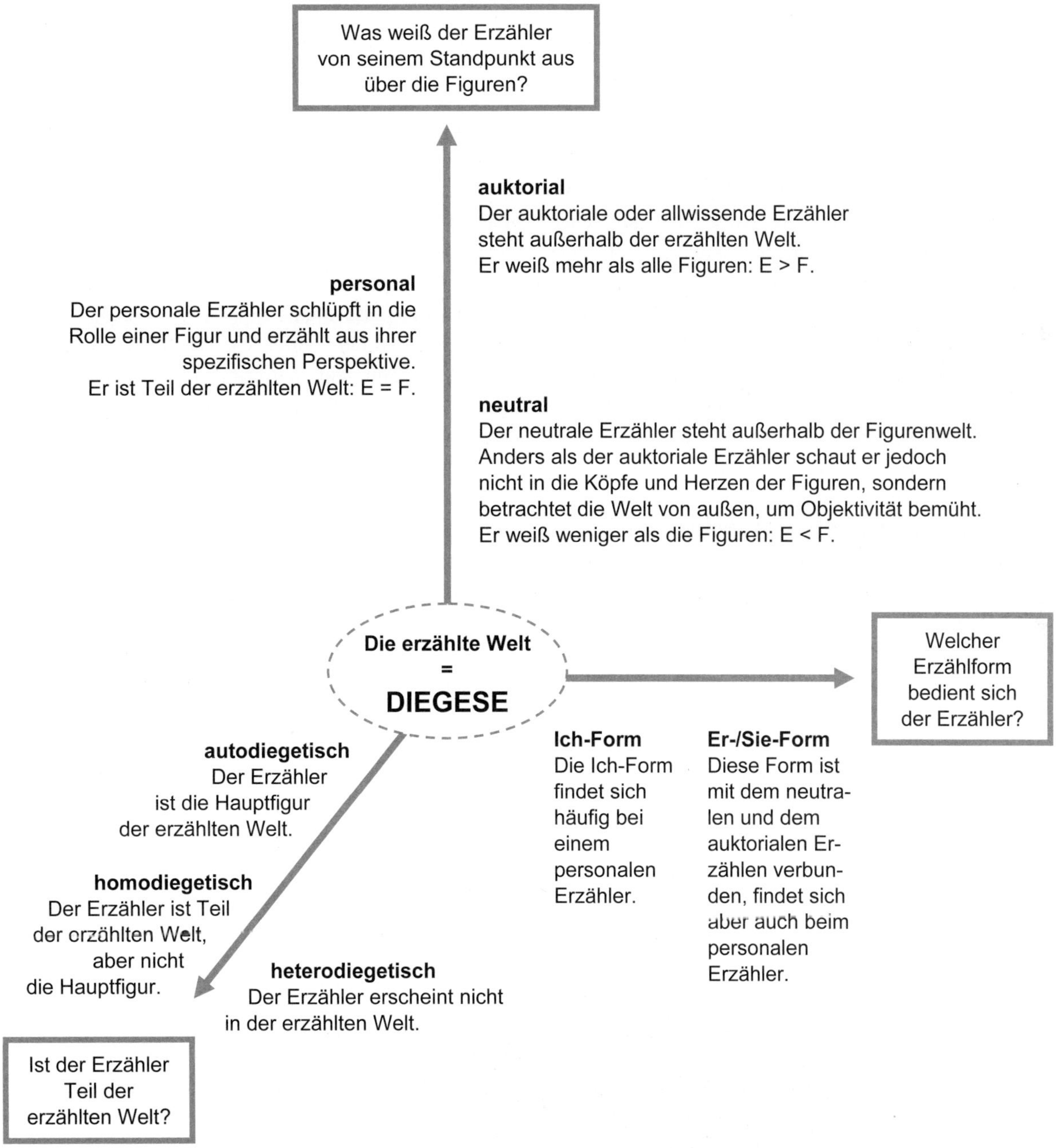

Was weiß der Erzähler von seinem Standpunkt aus über die Figuren?
auktorial
Der auktoriale oder allwissende Erzähler steht außerhalb der erzählten Welt. Er weiß mehr als alle Figuren: E > F.
personal
Der personale Erzähler schlüpft in die Rolle einer Figur und erzählt aus ihrer spezifischen Perspektive. Er ist Teil der erzählten Welt: E = F.
neutral
Der neutrale Erzähler steht außerhalb der Figurenwelt. Anders als der auktoriale Erzähler schaut er jedoch nicht in die Köpfe und Herzen der Figuren, sondern betrachtet die Welt von außen, um Objektivität bemüht. Er weiß weniger als die Figuren: E < F.
Die erzählte Welt = DIEGESE
Welcher Erzählform bedient sich der Erzähler?
Ich-Form
Die Ich-Form findet sich häufig bei einem personalen Erzähler.
Er-/Sie-Form
Diese Form ist mit dem neutralen und dem auktorialen Erzählen verbunden, findet sich aber auch beim personalen Erzähler.
autodiegetisch
Der Erzähler ist die Hauptfigur der erzählten Welt.
homodiegetisch
Der Erzähler ist Teil der erzählten Welt, aber nicht die Hauptfigur.
heterodiegetisch
Der Erzähler erscheint nicht in der erzählten Welt.
Ist der Erzähler Teil der erzählten Welt?

2. Bestimmen Sie die Erzählstrategien in den Textauszügen dieses Heftes.

Wie beginnen?

Obwohl Uwe Timm in seiner Frankfurter Poetikvorlesung (vgl. S. 11) zu Recht betont, dass ein guter Anfang noch keine Garantie für einen guten Roman sei, hängt es doch entscheidend von den ersten Sätzen und Seiten eines Romans ab, ob ein Autor das Interesse seiner Leser wecken kann. Auf den folgenden Seiten können Sie untersuchen, wie Figuren eingeführt, Handlungsstränge entwickelt und Erwartungshorizonte aufgebaut werden.

Aufgabe

1. Lesen Sie den Anfang des Romans „Rot" von Uwe Timm und markieren Sie dabei Hinweise zur Erzählperspektive, zur Hauptfigur sowie zu Ort und Zeit.

Uwe Timm erzählt in „Rot" von dem Jazzkritiker und Beerdigungsredner Thomas Linde, der in eine Liebesaffäre mit der Lichtdesignerin Iris verstrickt ist, und von seinem früheren politischen Weggefährten Aschenberger, der in den 60er Jahren die Berliner Siegessäule in die Luft sprengen wollte und nun tot ist. Zu Beginn des Romans verunglückt der Ich-Erzähler Linde während der Vorbereitungsarbeiten zu seiner von Aschenberger testamentarisch verfügten Leichenrede bei einem Verkehrsunfall tödlich.

ICH SCHWEBE. Von hier oben habe ich einen guten Überblick, kann die ganze Kreuzung sehen, die Straße, die Bürgersteige. Unten liege ich. Der Verkehr steht. Die meisten Autofahrer sind ausgestiegen. Neugierige haben sich versammelt, einige stehen um mich herum, jemand hält meinen Kopf, sehr behutsam, eine Frau, sie kniet neben mir. Ein Auto ist in die Fensterscheibe eines Uhrengeschäfts gefahren, die Marke kann ich von hier oben nicht erkennen, bin aber in Automarken auch nicht sonderlich bewandert. Eine große Schaufensterscheibe, die wie eine glitzernde Wolke aufflog und jetzt am Boden liegt, bruchstückhaft spiegeln sich Häuser, Bäume, Wolken, Menschen, Himmel, von hier oben ein großes Puzzle, aber alles in Schwarzweiß. Seltsamerweise gibt es keine Farbe, seltsam auch das, der da unten spürt keinen Schmerz. Er hält die Augen offen.

Ich höre Stimmen, die nach einem Krankenwagen rufen, Neugierige, die nach dem Hergang fragen, jemand sagt: Er ist bei Rot über die Straße gelaufen. Ein anderer sagt: Der Fahrer wollte noch ausweichen.

Der Fahrer sitzt auf dem Kantstein, er hält den Kopf in beiden Händen, er zittert, zittert am ganzen Leib, während ich daliege, ruhig, kein Schmerz, sonderbar, aber die Gedanken flitzen hin und her, und alles, was ich denke, spricht eine innere Stimme deutlich aus. Das ist gut, denn das Reden gehört zu meinem Beruf. Meine Tasche liegt drei, vier Meter entfernt von mir auf der Straße, und natürlich ist sie aufgesprungen, eine alte Ledertasche. Das kleine Päckchen mit dem Sprengstoff ist herausgeflogen, auch die Zettel, Karteikarten, die Blätter mit den Notizen, niemand kümmert sich darum, sie wehen über die Fahrbahn. Und ich denke, hoffentlich sind sie vorsichtig. Will auch sagen: Vorsicht, das ist Sprengstoff. Aber es gelingt mir nicht. Das Sprechen macht mir Mühe, große Mühe, gerade dieses Wort, sonderbar, da ich es leicht denken und hören kann. Also nichts sagen. Schweigen. In Ihrem Leben ist der Teufel los. Was einem so alles durch den Kopf geht. Wir bringen Ihr Unternehmen auf Vordermann durch privates Coaching. Wenn man jetzt die Augen schließen könnte, denke ich, es wäre der Frieden. Und noch etwas, ich höre Charlie Parker spielen, sehr deutlich, den Einsatz seines Solos in *Confirmation.*

Ich kam von ihr und war, vielleicht ist das später wichtig für die Versicherung, auf dem Weg zu meinem Klienten. Sie hatte mich im Café angerufen. Die Sonne stand knapp über den Hausdächern, und die Tische lagen noch im Schatten der Bäume. Es war schon warm, ja heiß. Über Nacht hatte es kaum abgekühlt. Ich rauchte, trank Kaffee und wollte wenigstens einen Anfang finden für die Rede, die ich morgen halten muss. Noch nie habe ich eine Rede so lange hinausgeschoben. Die Zeit drängt. Oft ist es ein Satz, der alle anderen nach sich zieht, ein Anfang, der alles trägt. Ich hatte mir ein paar Stichworte notiert. Der Engel der Geschichte. Das Rot als Einsprengsel im Weiß der Blüten ist eine Ankündigung der Frucht. Der Namenswechsel. Jonas im Wal. Die Siegessäule. Bekennerschreiben. Dann kam der Anruf. Das Handy fiepte. Ihre Stimme war durch das elektronische Knistern hindurch nur schwer zu hören: Du musst kommen.

Ich sitz an der Rede. Du weißt.

Ja. Aber du musst kommen, bitte.

Wohin?

Zu mir. Gleich.

Uwe Timm

Fortsetzung auf Seite 11

Aufgabe

2. Untersuchen Sie den Anfang des Romans „Rot" im Lichte von Uwe Timms unten stehenden Ausführungen zu Goethes „Wahlverwandtschaften". Mögliche Aspekte der Analyse sind
   - die zeitliche und örtliche Situierung des Geschehens,
   - die Einführung und Charakterisierung der Erzählerfigur,
   - die Beziehungen der Erzählerfigur zu anderen Romanfiguren,
   - die Öffnung eines Erwartungshorizonts beim Leser durch gezielte Informationen, die den Keim eines weiteren spannenden Handlungsverlaufs enthalten,
   - selbstreferenzielle Bezüge zum Thema „Wie beginnen?".

Ein anderer Anfang, ein erster, alles in Gang setzender Satz eines von mir bewunderten Romans lautet so: „Eduard – so nennen wir einen reichen Baron im besten Mannesalter – Eduard hatte in seiner Baumschule die schönste Stunde eines Aprilnachmittags zugebracht, um frisch erhaltene Pfropfreiser auf junge Stämme zu bringen."

Ein Anfang, der mich an die Genesis erinnert. Der Autor gibt seinem Geschöpf einen Namen, kreiert es damit und setzt es in einen Garten. Die Namensgebung ist ein Herrschaftsakt. Der Name, den wir uns nicht aussuchen können, verleiht unserem sozialen Körper, unabhängig von charakterlichen und biologischen Eigenschaften, die Unverwechselbarkeit und weist ihm eine bestimmte Stelle in der Gesellschaft zu. Mit diesem auktorialen Gestus wird denn auch der gesellschaftliche Stand festgelegt: Baron und zugleich vermögend, reich, heißt es. Zum sozialen Stand gehört auch diese Tätigkeit im Garten, das Aufpfropfen. Was Eduard, der Baron, macht, ist keine Arbeit, sondern – wir denken nicht zu Unrecht an das Paradies und dessen Herrn – *Pleasure*. Ganz erstaunlich, was in diesem ersten Satz alles an Informationen vermittelt wird, welcher Erwartungshorizont sich beim Leser öffnet. Zugleich wird auf die fiktionale Schöpfung hingewiesen – selbstreferenziell wäre der gängige Begriff –, denn mit dem Personalpronomen des Erzählers: „Eduard, so nennen wir einen reichen Baron." – spricht ein Pluralis Majestatis, der, und das ist das Raffinierte, zugleich in einen Pluralis Auctoris und Modestiae hineinspielt. [...]

Die Konstellation in „Die Wahlverwandtschaften" ist bekannt, das Ehepaar Eduard und Charlotte trifft auf einen Mann, von dem wir nur den Vornamen Otto, aber ansonsten bezeichnenderweise nur die Berufsbezeichnung erfahren. Er ist Offizier, der Hauptmann, später Major, hinzu kommt noch eine junge Frau, fast noch ein Mädchen, namens Ottilie. Ein mit sich zufriedenes Ehepaar wird durch zwei hinzukommende Personen aus seiner etwas arg stillen Harmonie vertrieben, und es beginnt der Wirrwarr der Gefühle, der Leidenschaften, des Wollens und doch nicht Könnens zwischen dem Anspruch auf hohe Sittlichkeit und dem dunklen Trieb, der mit Macht den einen zum anderen drängt. [...]

Lassen Sie mich zum Schluss, als Ende vom Anfang, noch sagen: Ein guter Anfang ist keine Garantie für einen guten Roman, und ein umständlicher, ja verkorkster Anfang muss nicht automatisch zu einem schlechten Roman führen. Das gilt auch für die Schöpfung. Ein in sich ruhender Gott, wie man ihn sich wohl vor dem Anfang, vor der Schöpfung vorstellen muss, ist ziemlich langweilig. Eine Schöpfung jedoch, die Schmerz, Misslingen, Tod, Qual mit sich bringt, ist empörend, auch dann, wenn wir sie uns als Nicht-Schöpfung denken, als Zufall, Ergebnis jenes Moments, als es vor ca. 13,7 Milliarden Jahren zwischen Materie und Antimaterie zu einer Asymmetrie kam. Die Empörung über das Unrecht, über Leid und Tod, gerade dort, wo diese vermeidbar wären, bleibt – wie auch der Schmerz darüber. Die Erfahrung des Mangels ist der tiefere Grund für all die Anfänge in der Musik und in der Literatur, in denen versucht wird, eine Gegenwirklichkeit zu schaffen. Etwas, was, noch in seinem tragischen Scheitern, ein Glücksversprechen in sich trägt.

Uwe Timm

Fortsetzung auf Seite 12

Wie beginnen?

Aufgaben

3. Setzen Sie die Überlegungen Timms zu den „Wahlverwandschaften“ fort. Lesen Sie dazu Goethes Romananfang und finden Sie weitere Elemente einer gezielten Handlungs- und Figurenexposition.

Eduard – so nennen wir einen reichen Baron im besten Mannesalter – Eduard hatte in seiner Baumschule die schönste Stunde eines Aprilnachmittags zugebracht, um frisch erhaltene Pfropfreiser auf junge Stämme zu bringen. Sein Geschäft war eben vollendet; er legte die Gerätschaften in das Futteral zusammen und betrachtete seine Arbeit mit Vergnügen, als der Gärtner hinzutrat und sich an dem teilnehmenden Fleiße des Herrn ergetzte.
„Hast du meine Frau nicht gesehen?“, fragte Eduard, indem er sich weiterzugehen anschickte.
„Drüben in den neuen Anlagen“, versetzte der Gärtner. „Die Mooshütte wird heute fertig, die sie an der Felswand, dem Schlosse gegenüber, gebaut hat. Alles ist recht schön geworden und muss Euer Gnaden gefallen. Man hat einen vortrefflichen Anblick: unten das Dorf, ein wenig rechter Hand die Kirche, über deren Turmspitze man fast hinwegsieht, gegenüber das Schloss und die Gärten.“
„Ganz recht“, versetzte Eduard; „einige Schritte von hier konnte ich die Leute arbeiten sehen.“
„Dann“, fuhr der Gärtner fort, „öffnet sich rechts das Tal, und man sieht über die reichen Baumwiesen in eine heitere Ferne. Der Stieg die Felsen hinauf ist gar hübsch angelegt. Die gnädige Frau versteht es; man arbeitet unter ihr mit Vergnügen.“
„Geh zu ihr“, sagte Eduard, „und ersuche sie, auf mich zu warten. Sage ihr, ich wünsche die neue Schöpfung zu sehen und mich daran zu erfreuen.“

Johann Wolfgang von Goethe

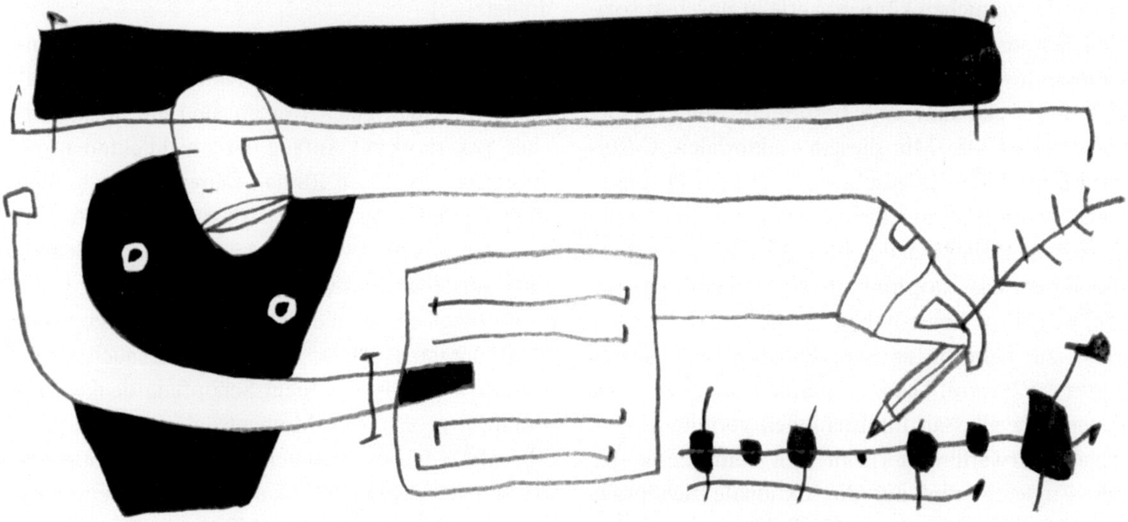

4. Uwe Timm spricht in seinen Ausführungen zu den „Wahlverwandtschaften“ von einer „Erfahrung des Mangels“ und von dem Versuch, „eine Gegenwirklichkeit zu schaffen“ als dem „tiefere(n) Grund für all die Anfänge in der [...] Literatur“.
Inwiefern können Sie diesen Schreibimpuls auch im Anfang von „Rot“ erkennen? Erläutern Sie.
Tipp: Beachten Sie dazu auch die Informationen zu Uwe Timm auf Seite 13.

5. Schreiben Sie selbst einen wirkungsvollen Romananfang und stellen Sie ihn in der Gruppe/Klasse zur Diskussion.

6. Überprüfen Sie Ihre Ergebnisse zu den Aufgaben 2, 3 und 4 mit Hilfe von Seite 13.

Fortsetzung auf Seite 13

Hinweise zum Autor

Uwe Timm wurde im März 1940 in Hamburg geboren. Nach der Volksschule machte er eine Kürschnerlehre und übernahm das Pelzgeschäft seines Vaters. Ab 1961 besuchte er das Braunschweig-Kolleg zusammen mit Benno Ohnesorg, der durch seinen gewaltsamen Tod während einer Demonstration gegen den Besuch des Schahs von Persien am 2. Juni 1967 deutschlandweit bekannt wurde. 1967–69 war Timm im Sozialistischen Deutschen Studentenbund (SDS) politisch tätig und beteiligte sich an der Besetzung der Münchner Universität. Seit 1971 arbeitet Timm als freier Schriftsteller und lebt in München und Berlin. Er ist heute einer der bekanntesten lebenden deutschen Schriftsteller, der mit den Romanen *Heißer Sommer* und *Morenga* erstmals große Aufmerksamkeit erregte und weltweit mit der Novelle *Die Entdeckung der Currywurst* berühmt wurde. 2003 erschien Timms viel beachtete Erzählung *Am Beispiel meines Bruders*, die sich vor dem autobiografischen Hintergrund der eigenen Familie mit der Aufarbeitung des Nationalsozialismus in Deutschland beschäftigt. Zuletzt erschienen die Erzählung *Der Freund und der Fremde* (2005), in der Timm die Geschichte seiner Freundschaft zu Benno Ohnesorg aufarbeitet, und der Roman *Halbschatten* (2008) über das Leben der deutschen Fliegerin Marga von Etzdorf.

Hinweise zu den Aufgaben

Zu 2: Der Roman beginnt unvermittelt mit der Szene eines Verkehrsunfalls in einer zunächst nicht benannten Stadt, bei dem der Ich-Erzähler wohl umkommt oder zumindest eine Nahtoderfahrung macht. Er schwebt über dem Geschehen und beobachtet sich selbst von außen. Damit wird eine interessante Erzählperspektive eingeführt, die zwischen der Innenschau der Ich-Erzählung und der Außenschau einer reflektierenden und kommentierenden Erzählinstanz changiert. Das Leben des Protagonisten endet also schon auf der ersten Seite des Romans, alles Folgende ist Rückblende und Rückschau.

Der Ich-Erzähler, von Beruf professioneller Redner, wird gleich zu Beginn in ein Netz von Beziehungen verwoben, einerseits zu einem Auftraggeber für eine Rede, an der er gerade arbeitet, andererseits zu einer Frau, mit der er offensichtlich vertraute Kontakte pflegt. Der Leser wird durch die dringende Aufforderung dieser Frau an den Erzähler, zu ihr zu kommen, neugierig gemacht. Weitere Spannungsmomente sind das mysteriöse Päckchen Sprengstoff, das dem Protagonisten aus der Aktentasche fällt, und natürlich die Frage, ob der Erzähler bei dem Unfall tatsächlich stirbt. Interessant ist auch die Farbsymbolik, die den Roman eröffnet: Der Roman trägt den Titel „Rot“, der Erzähler läuft bei Rot über die Straße und wird überfahren und er erwähnt selbst die Farbe Rot in seinen Aufzeichnungen für die geplante Rede als Farbe der Zukunftshoffnung. Im Zusammenhang mit diesen Aufzeichnungen redet der Erzähler über die Schwierigkeiten, einen Text zu beginnen, und über Möglichkeiten ihrer Überwindung.

Zu 3: Ergänzend zu den Überlegungen Timms wäre darauf zu verweisen, dass auch die Ehefrau des Barons mit dem Bau der Mooshütte einen (konkurrierenden?) Schöpfungsakt vollendet hat, der explizit als Tat einer gottgleichen Schöpferin beschrieben wird. Von der Mooshütte aus eröffnet sich der Blick auf die gesamte Welt des Romans: auf Dorf, Kirche, Schloss und Gärten. Auch wenn der Baron sogleich nach seiner Frau verlangt, um sich ihrer Schöpfung zu erfreuen, liegt für den Leser der Verdacht nahe, dass hier ein Akt menschlicher Hybris dieser Schöpfer-Frau vorliegt, der die Welt des Ehepaars noch beträchtlich durcheinanderbringen wird.

Zu 4: Timm setzt sich in der Form einer großen rückblickend resümierenden „Trauerrede“ mit der politischen Aufbruchbewegung der 68er auseinander, denunziert diese Bewegung aber nicht, sondern fahndet nach Spuren dessen, was in der Asche der gescheiterten politischen Utopie noch glimmt (nicht zufällig heißt der verhinderte Anarchistenfreund „Aschenbrenner“) und für die Zukunft der Gesellschaft zu retten ist.

Wie enden?

Aufgaben

1. Wie traurig oder schön sollte das Ende eines Romans Ihrer Ansicht nach sein?
   a) Begründen Sie Ihre persönliche Meinung ggf. anhand von Beispielen.
   b) Lesen Sie die Antwort des Schriftstellers Georg Klein auf die oben gestellte Frage.

Wenn der Weg durch das Buch, die gefühlte Buchzeit, lang und süß war, ist eine gewisse Abschiedswehmut angemessen. Überspitzt gesagt: Das Buch darf um sein eigenes Gewesen-Sein trauern, der Roman kann in einem stilistisch angemessenen Rahmen über seine eigene Endlichkeit betrübt sein. Zugleich jedoch soll er auf ein erneutes Gelesen-Werden hoffen. Auch dies bedeutet eine Form von Happy End.

   c) Erläutern Sie Georg Kleins Aussage mit eigenen Worten. Worum geht es ihm?

2. Lesen Sie den folgenden Schluss von Kleins „Roman unserer Kindheit" und das Ende der romantischen Erzählung „Undine" (S. 15 f.). Markieren Sie, was Sie im ersten Text über die Ich-Erzählerin und im zweiten über Undine erfahren.

Im „Roman unserer Kindheit" erzählt Georg Klein von den Abenteuern einer Gruppe von Kindern zu Beginn der 60er Jahre: Der Sommer scheint ewig, aber der Schein trügt. Hinter der sonnigen Fassade brodelt ein dunkles Geheimnis: Ein „Seher" prophezeit den Tod eines der Kinder. Um das zu verhindern, begibt sich die Gruppe in die „Unterwelt" des „Bärenkellers", der schaurigen Ruine einer Gaststätte.
Georg Klein versetzt die Leser zurück in die eigene kindliche Erlebniswelt, in der noch Monster unter dem Bett lauerten und jeder Schatten ein Dämon war. Den Kindern gelingt es schließlich, den „Blutkerl", der sie bedrohte, unschädlich zu machen. Im selben Augenblick erleidet die Mutter des „Älteren Bruders", des Anführers der Bande, eine Fehlgeburt, was zum Tod der ungewöhnlichen Ich-Erzählerfigur, der noch ungeborenen Schwester, führt. Am Schluss steht aber nicht das Sterben, sondern eine Wiedergeburt im Reich der Fantasie. Erneut badet die Erzählerin im (Frucht-)Wasser – und ein neuer Sommer kann beginnen.

Mein Herzpunkt pumpt. Wie stark ich bin! Ich fühle Bärenkräfte. Das Bild wird gleich ein wenig zittern. Pardon hierfür! Ich bitte, mir zu verzeihen, dass es so komisch wackelt. Aber Gewalt bleibt auch im schönsten Fall Gewalt. Schon zieht es unserem großen Bruder mit Macht den Blick zur Seite. Schau hin! Schaut alle hin: Schon klafft die Lücke auf. Erneut müssen zwei Häuser die Schultern voneinanderreißen. In gut vier Wochen, nach dreimal zehn Tagen, wird der alte Doktor Junghanns – genau wie unser großer Bruder – just an derselben Stelle den Blick zur Seite wenden und diese beiden Häuser zitternd und bebend wieder zusammenrücken sehen. Dann platzt ein klitzekleines, seit langem ulkig ausgebeultes Äderchen hinten in seinem Kopf. Sogleich wechselt sein rechter Fuß vom Gaspedal zur Bremse, der andere kuppelt aus. Natürlich hat er als Arzt erkannt, dass es sich um ein Schläglein handelt. Er schaltet in den Leerlauf, dreht mit der Rechten den Zündschlüssel zurück, während die Linke bereits über die Schläfe nach hinten tastet.

Ach, Blut bleibt Blut. Bei Tabak-Geistmann liegt ein schöner, nagelneuer Kriegsroman im Fenster. Mein Schnäuzchen küsst sein Umschlagbild, so feucht es kann. Drei Männer knien vor der Flanke eines mächtigen, mit einem Kreuz geschmückten Panzers. Der linke hat ein Akkordeon vor der Brust, der mittlere schiebt sich die Panzerbrille in den hellen Schopf, der rechte spannt die Wangen und schürzt die schön geschwungene Oberlippe zu einem zeitlos liebreizenden Lächeln. Wie schade, dass unsere Mutter, in deren Nachttischschublade die Briefe und die Feldpostkarten ihres großen Bruders ruhen, partout keinen Roman mit Soldaten, erst recht keinen, der in diesem vorläufig letzten Weltkrieg spielt, mit nach Hause nehmen mag!
Ich lächle einfach mit. Ich lächle im Geiste gleich dem bildhübschen Panzerfahrer. Ich bin's. Ich bin's gewesen und werd es wieder sein. Ich bin nicht viel. Und doch bin ich nicht nichts. Schon jetzt, am ersten Ferientag, bin ich der heimliche Operettenbalg des erbsengrünen Blocks. Wieder hat es kaum mehr als die Musik gebraucht. Ein männliches

Fortsetzung auf Seite 15

Quantum selbstgemixten Mokka-Likörs löscht alle Vorsicht, ein weibliches Quäntchen Grusel vor grausamen Piraten macht hinreichend empfänglich, Quantum und Quäntchen finden zueinander, schon dürfen die Flüstersteine wispernd weitergeben, was den Eltern der Brüder da geschieht. Im Nu hat es angeschlagen und beginnt zu wachsen. Das wächst und wächst, solang es darf. Zum Nichtchen eines Kommandanten, zur Mäuse-Souffleuse wird es wieder reichen. Erneuter Sommer, komm! Die Räder des Zwillingskinderwagens sollen schnurren und rattern. Der Spiegelneger schält seine Ami-Muskeln aus dem türkisen Hemd. Der Vater kämpft im Affentanz und hat in hellsichtigem Spaß gesagt, dass sich die Mutter noch zu Tode lesen wird. Mein ältester Bruder krückt den Rosenhang hinauf zum Bärenkeller und wirft im Licht der Kegelbahn den Speer. Der Bär zerreißt sein Fell. Der große Imker und der kleine Imker saugen an ihren Pfeifen aus Lakritz. Der süße Rauch, der Bärenkellernebel, hält ihnen die Immen und deren Zorn über den Honigraub vom Leib. Nichts sieht sich reflektiert im Glanz des Medaillons. Wohl oder übel wird der Blutkerl Kind und Kegel anvisieren. Jedoch bevor mich seine mordsschwere Gummikugel trifft, zupfe ich mir höchstselbst die Stummelglieder lang und bade zum Entzücken meiner invaliden Panzerfahrer mit langem, nachtblondem Haar und milchig nackt in einem schwarzen See.

Georg Klein

In Friedrich de la Motte Fouqués romantischer Erzählung „Undine" verliebt sich Ritter Huldbrand von Ringstetten in das schöne Meerfräulein Undine, das bei einem alten Fischer aufwächst. Durch die baldige Hochzeit kommt der Elementargeist Undine in den Besitz einer menschlichen Seele und verwandelt sich grundlegend. Aus dem ungebrochenen Naturgeschöpf wird, als die böse und erfolgreiche Gegenspielerin Bertalda auftritt, eine liebende und leidende Frau. Huldbrands Untreue lässt Undine in ihr Element zurückkehren, sie versinkt in den Fluten der Donau. Doch Undine kehrt nach Huldbrands Hochzeit mit Bertalda noch einmal wieder, um Huldbrand in ihrer Umarmung zu ersticken.
Im folgenden Schlusskapitel der Erzählung erscheint Undine beim Begräbnis Huldbrands ein letztes Mal.

Der alte Fischer hingegen fand sich, obzwar von Herzen betrübt, weit besser in das Geschick, welches Tochter und Schwiegersohn betroffen hatte, und während Bertalda nicht ablassen konnte, Undinen Mörderin zu schelten und Zauberin, sagte der alte Mann gelassen: „Es konnte nun einmal nichts anders sein. Ich sehe nichts darin als die Gerichte Gottes, und es ist wohl niemandem Huldbrands Tod mehr zu Herzen gegangen als der, die ihn verhängen musste, der armen, verlassnen Undine!" – Dabei half er die Begräbnisfeier anordnen, wie es dem Range des Toten geziemte. Dieser sollte in einem Kirchdorfe begraben werden, auf dessen Gottesacker alle Gräber seiner Ahnherrn standen und welches sie, wie er selbst, mit reichlichen Freiheiten und Gaben geehrt hatten. Schild und Helm lagen bereits auf dem Sarge, um mit in die Gruft versenkt zu werden, denn Herr Huldbrand von Ringstetten war als der Letzte seines Stammes verstorben; die Trauerleute begannen ihren schmerzvollen Zug, Klagelieder in das heiter stille Himmelblau hinaufsingend, Heilmann schritt mit einem hohen Kruzifix voran, und die trostlose Bertalda folgte, auf ihren alten Vater gestützt. – Da nahm man plötzlich inmitten der schwarzen Klagefrauen in der Wittib Gefolge eine schneeweiße Gestalt wahr, tief verschleiert, und die ihre Hände inbrünstig jammernd emporwand. Die, neben welchen sie ging, kam ein heimliches Grauen an, sie wichen zurück oder seitwärts, durch ihre Bewegung die andern, neben die nun die weiße Fremde zu gehen kam, noch sorglicher erschreckend, sodass schier darob eine Unordnung unter dem Trauergefolge zu entstehen begann. Es waren einige Kriegsleute so dreist, die Gestalt anreden und aus dem Zug fortweisen zu wollen, aber denen war sie wie unter den Händen fort und ward dennoch gleich wieder mit langsam feierlichem Schritte unter dem Leichengefolge mitziehend gesehn. Zuletzt kam sie während des beständigen Ausweichens der Dienerinnen bis dicht hinter Bertalda. Nun hielt sie sich höchst langsam in ihrem Gange, sodass die Wittib ihrer nicht gewahr ward und sie sehr demütig und sittig hinter dieser ungestört fortwandelte.

Das währte, bis man auf den Kirchhof kam und der Leichenzug einen Kreis um die offene Grabstätte schloss. Da sah Bertalda die ungebetene Begleiterin, und halb in Zorn, halb in Schreck auffahrend, gebot sie ihr, von der Ruhestätte des Ritters zu weichen. Die Verschleierte aber schüttelte sanft verneinend ihr Haupt und hob die Hände wie zu einer demütigen Bitte gegen Bertalda auf, davon

Fortsetzung auf Seite 16

Fortsetzung von Seite 15

diese sich sehr bewegt fand und mit Tränen daran denken musste, wie ihr Undine auf der Donau das Korallenhalsband so freundlich hatte schenken wollen. Zudem winkte Pater Heilmann und gebot Stille, da man über dem Leichnam, dessen Hügel sich eben zu häufen begann, in stiller Andacht beten wolle. Bertalda schwieg und kniete, und alles kniete, und die Totengräber auch, als sie fertig geschaufelt hatten. Da man sich aber wieder erhob, war die weiße Fremde verschwunden; an der Stelle, wo sie gekniet hatte, quoll ein silberhelles Brünnlein aus dem Rasen, das rieselte und rieselte fort, bis es den Grabhügel des Ritters fast ganz umzogen hatte; dann rannte es fürder und ergoss sich in einen stillen Weiher, der zur Seite des Gottesackers lag. Noch in späten Zeiten sollen die Bewohner des Dorfes die Quelle gezeigt und fest die Meinung gehegt haben, dies sei die arme, verstoßene Undine, die auf diese Art noch immer mit freundlichen Armen ihren Liebling umfasse.

Friedrich de la Motte Fouqué

Aufgaben

3. Beschreiben Sie die Erzählerfigur in Kleins Roman so genau wie möglich. Beziehen Sie dabei auch das folgende Kleist-Zitat mit ein, das Klein seinem Roman vorangestellt hat.

   Glaubt ihr, so bin ich euch, was ihr nur wollt; recht nach der Lust Gottes. Schrecklich und lustig und weich. Zweiflern versink ich zu nichts.

4. Welche Parallelen zwischen der Ich-Erzählerin Kleins und dem Elementargeist Undine können Sie erkennen? Notieren Sie Gemeinsamkeiten.

5. Vergleichen Sie den Romanschluss mit dem Ende der Erzählung. Arbeiten Sie jeweils die Verbindung von Untergang und Neuanfang heraus, die beide Textschlüsse kennzeichnet.

6. Welche Art von Romanschluss liegt im „Roman unserer Kindheit“ vor? Ordnen Sie dem Romanschluss eine oder mehrere der folgenden Varianten zu und begründen Sie Ihre Auswahl.

   Romanschlüsse
   1 **Die konventionelle, geschlossene Form des Romans**: Roman, der mit der Heirat oder dem Tod eines oder mehrerer wichtiger Protagonisten oder durch das Erreichen einer höheren Lebensstufe der Hauptfigur endet.
   2 **Der offene Schluss:** Romanschluss, bei dem es weitgehend dem Leser überlassen bleibt, sich ein mögliches Ende zu konstruieren.
   3 **Der doppelte bzw. mehrfach abgestufte Schluss:** Bei diesem Romanschluss sollen die Zeit- und Gesellschaftsproblematik und die individuellen Geschichten der Romanfiguren abgeschlossen werden.
   4 **Der als erstes Kapitel vorweggenommene Schluss** findet sich z. B. beim Detektivroman.
   5 **Der als Höhepunkt gestaltete Schluss:** Romanschluss, der mit der Tendenz zum Sensationellen besonders stark auf den Leser einwirken soll.
   6 **Der parabolische Schluss:** Romanschluss, der durch parabelhafte, bildliche Erzählelemente das Romangeschehen deutend auf eine höhere Ebene hebt.
   7 **Der prospektive Schluss:** Dieser Schluss ist durch ein Ausgreifen in die Zukunft der Romanfiguren oder durch die Schilderung einer Utopie am Ende charakterisiert.
   8 **Der fragmentarische Schluss** endet mit dem unbeabsichtigten oder beabsichtigten Abbrechen an einer (scheinbar) beliebigen Stelle des Romans.

7. Verfassen Sie ein Gespräch zwischen dem „Schwesterchen“ und „Undine“ zum Thema Tod und Erlösung.

8. Überprüfen Sie Ihre Ergebnisse zu den Aufgaben 3 bis 7 mit Hilfe von Seite 17.

Fortsetzung auf Seite 17

Fortsetzung von Seite 16

Hinweise zu den Autoren

Georg Klein wurde 1953 in Augsburg geboren und wuchs dort im Stadtteil Bärenkeller auf. Seit 1984 veröffentlicht er erzählende Prosa. Mit seinem Romandebüt, dem Schauer- und Agentenroman *Libidissi* (1998), wurde er zum ersten Mal vom deutschsprachigen Literaturbetrieb wahrgenommen. Der Detektivroman *Barbar Rosa* (2001) wurde auf der Leipziger Buchmesse gefeiert. 2004 war Georg Klein „Poet in Residence" an der Essener Universität und lehrte Studenten das kreative Schreiben. Danach veröffentlichte er weitere Romane, *Die Sonne scheint uns* (2004) und *Sünde Güte Blitz* (2007). Für das zuletzt erschienene Werk *Roman unserer Kindheit* (2009) erhielt er 2010 den Preis der Leipziger Buchmesse in der Kategorie Belletristik. Heute lebt Georg Klein mit seiner Familie in Ostfriesland (Bunde). Er ist mit der Schriftstellerin Katrin de Vries verheiratet und hat zwei Söhne.

Friedrich de la Motte Fouqué (1777–1843) entstammt einer altadeligen französischen Hugenottenfamilie aus Brandenburg. Nach seinem Militärdienst ließ er sich mit seiner Frau in Weimar nieder, begegnete dort u. a. Goethe und war, zunächst unter Pseudonym, als Schriftsteller tätig. Mit romantischen Schauer- und Ritterromanen erlangte er großen Ruhm, als Meisterwerk gilt die 1811 erschienene, teilweise mit fantastischen Elementen ausgestattete Märchenerzählung *Undine*. Ein Schlaganfall brachte ihn 1818 nicht von seinem literarischen Schaffen ab. Nach dem Tod seiner Frau 1831 heiratete er erneut und zog nach Halle an der Saale um, bevor er 1843 in Berlin nach Veröffentlichung seiner Memoiren starb.

Hinweise zu den Aufgaben

Zu 3 und 4: Die Ich-Erzählerin ist die ungeborene kleine Schwester des „Älteren Bruders", der Hauptfigur des Romans. Als solche steht sie einerseits mitten im Geschehen, andererseits ist sie ein geisterhaft-embryonales Wesen, das in einer schöpferischen Zwischenwelt – zwischen Zeugung und Geburt – existiert. Einerseits ist sie allwissend, kennt z. B. die Zukunft des Doktor Junghanns, andererseits ist sie kindlich naiv und steht immer kurz vor dem Verschwinden. Erzähltheoretisch verkörpert diese merkwürdige Figur den stets gefährdeten Akt des Erzählens selbst: Sie schafft sich ihre eigene Welt, die jedoch vom Vergessen, dem Ertrinken im „schwarzen See", bedroht ist. Dieser schwarze See ist aber gleichzeitig der Mutterleib, die „Urhöhle", aus der die Wiedergeburt nach erneuter Zeugung erfolgen kann.
Die Parallelen zwischen dieser märchenhaften Erzählerfigur und dem romantischen Elementargeist Undine sind offensichtlich: Auch diese ist ein Zwischenwesen, einerseits Naturgeist, andererseits durch die Vermählung mit Huldbrand im Besitz einer menschlichen Seele. Am Ende der Erzählung ist sie verschwunden und gleichzeitig anwesend, verstoßen und unerlöst in ihrer Liebe zu Huldbrand, aber diesen ewig „mit freundlichen Armen umfassend".

Zu 5 und 6: Am Ende des Romans von Georg Klein steht der Tod der Erzählerin, drastisch als Fehlgeburt der Mutter des „Älteren Bruders" geschildert, aber gleichzeitig die Hoffnung auf erneute Zeugung und Wiedergeburt im Reich der Literatur: „Erneuter Sommer, komm!" Dieser Ruf der Erzählerin ist gleichzeitig ein Aufruf an den Leser zum Wiederlesen des Romans und ein Bekenntnis zur Kraft des Erzählens; denn nur „Zweiflern versink ich zu nichts", wie der Autor im Eingangszitat mit Kleist formuliert. Das Symbol des Wassers steht hier wie in „Undine" für die ewige Wiederkehr, das zyklische Prinzip von Vergehen und Werden. Insofern könnte der Schluss des Romans als gleichzeitig offen, parabolisch und prospektiv charakterisiert werden.

Zu 7: Beide Figuren befinden sich am Ende in einem Zustand der Unerlöstheit: Undine ist aus der Menschenwelt verbannt, ihrer Liebe und ihrer Seele beraubt, das Schwesterchen vor der Geburt gestorben, am Eintritt in die Menschenwelt gehindert. Dennoch sind beide nicht ohne Hoffnung: Undine umfasst als Quellnymphe ihren Geliebten in alle Ewigkeit, das Schwesterchen badet als blonde Fee im Wasser des schwarzen Sees und wächst nach ihrer erneuten Zeugung der Wiedergeburt entgegen. Damit sind alle Voraussetzungen für ein interessantes Gespräch zwischen den beiden über die Themen Tod und Erlösung gegeben, das die Schülerinnen und Schüler imaginativ entfalten können.

Dichterwerkstatt: Quellensuche

Romanautoren mögen vieles wissen, aber alles wissen sie natürlich nicht. Wenn sie die Statik eines Wolkenkratzers, die Theorie der Zwölftonmusik oder die Ursachen der Erderwärmung beschreiben wollen, müssen sie auf Informationen von Ingenieuren, Musikwissenschaftlern und Klimaforschern zurückgreifen. Wie ein Ausgangstext – eine Quelle – verwendet und in Literatur verwandelt wird, können Sie auf den nächsten Seiten nachvollziehen.

Aufgabe

1. Lesen Sie den Artikel zum Stichwort „Typhus“ aus „Meyers Konversationslexikon“ von 1889 aufmerksam und markieren Sie dabei wichtige Informationen und auffällige Formulierungen. Lesen Sie anschließend den Text von Thomas Mann (S. 20 f.).

Der T. beginnt gewöhnlich mit einem allgemeinen Krankheitsgefühl, psychischer Verstimmung, großer Mattigkeit, Appetitlosigkeit, unruhigem Schlaf, Kopfschmerzen, Schwindel, Schmerzen in den Gliedern und manchmal wiederholtem Nasenbluten. Bald setzt dann mit einem Frostanfall das hohe Fieber mit seinen oben beschriebenen nervösen Zufällen ein. Der Unterleib ist gewöhnlich schon in den ersten Tagen etwas aufgetrieben und gespannt; ein tiefer Druck auf denselben ist dem Kranken empfindlich, namentlich wenn er in der rechten Unterbauchgegend ausgeübt wird. An dieser Stelle pflegt man bei Druck, sobald Durchfälle eingetreten sind, auch ein eigentümliches gurrendes Geräusch (Ileocökalgeräusch) wahrzunehmen. Auf der Haut des Bauches und der Brust findet man jetzt auch vereinzelte rote, linsengroße Flecke (roseolae), welche sich durch Fingerdruck entfernen lassen, alsbald aber wieder zurückkehren. Die Körpertemperatur erreicht in den ersten acht Tagen eine Höhe bis zu 40 °C und ist am Abend um ½° höher als am nächstfolgenden Morgen. Die Pulsfrequenz ist dabei verhältnismäßig gering, 90–100 Schläge in der Minute. Der Harn ist dunkel, in seiner Menge gewöhnlich vermindert. In der zweiten Woche des T. hören die Kranken auf, über Kopfschmerz und Gliederschmerzen zu klagen; der Schwindel aber wird heftiger, zu dem Ohrenbrausen gesellt sich Schwerhörigkeit. Der Gesichtsausdruck des Kranken wird stupider, seine Teilnahmslosigkeit immer größer. Das Bewusstsein wird umnebelt, und die Kranken verfallen allmählich in einen Zustand von Schlafsucht und Betäubung. Sie lassen jetzt Stuhl und Urin häufig unter sich gehen, liegen fast regungslos in anhaltender Rückenlage, sind im Bett herabgesunken und haben die Knie gespreizt. Nur zeitweilig verrät eine zitternde Bewegung der Lippen oder einzelne unverständliche Worte, welche die Kranken murmeln, dass die psychischen Funktionen nicht gänzlich ruhen. Andre Kranke zeigen, dass sie gegen die sie umgebende Außenwelt vollständig unempfindlich sind, werfen sich fortwährend im Bett hin und her, versuchen das Bett zu verlassen, sich zu entblößen; sie gestikulieren, führen Gespräche oder bringen unzusammenhängende Worte hervor. Fast immer erfolgen in der zweiten Woche täglich mehrere (meist 3–4) Durchfälle von wässeriger Beschaffenheit. Die Atmung ist beschleunigt und oberflächlich. Die Wangen haben anstatt der hochroten Färbung eine mehr bläuliche angenommen, die Augenlider sind halb geschlossen, die Augenbindehaut gerötet, die Nasenlöcher erscheinen (von eingetrocknetem Schleim) wie angeraucht, Zahnfleisch, Zähne und Zunge sind mit einem schwärzlichen Belag versehen, der Atem ist stinkend. Der Unterleib ist durch größern Luftgehalt der Därme trommelartig aufgetrieben, die Empfindlichkeit desselben gegen Druck und das Ileocökalgeräusch bestehen fort. Die Milzanschwellung hat zugenommen, die Roseolae auf dem Bauch haben sich manchmal noch vermehrt, dazu ist die Haut mit zahllosen kleinen Schwitzbläschen bedeckt. Die Körpertemperatur zeigt sich in den Abendstunden auf 40–41,5 °C gesteigert, in den Morgenstunden tritt nur ein schwacher Nachlass derselben ein. Der Puls macht 110–120 Schläge in der Minute. In der dritten Woche des T. erreicht die Schwäche des Kranken ihren höchsten Grad, die lauten Delirien hören auf, die Aufregung und Unruhe weichen einer stets zunehmenden Unempfindlichkeit für alles, was ringsumher vor sich geht. Die Erscheinungen am Unterleib und an der Brust nehmen noch zu, auch die Körpertemperatur und die Pulsfrequenz sind eher gesteigert als vermindert. Die meisten Fälle eines tödlichen Ausganges fallen in die dritte Woche. In günstigen Fällen stellt sich etwa in der Mitte der dritten Woche eine Abnahme der Krankheitserscheinungen ein. Die Körpertemperatur erreicht zwar am Abend noch 40–41 °C, pflegt aber des Morgens um 2 ° niedriger

Fortsetzung auf Seite 19

zu sein. Nach mehreren Tagen gehen auch die Abendtemperaturen ganz allmählich herab, mit der Körpertemperatur sinkt auch die Pulsfrequenz. Diese allgemeine Besserung, welche häufig auch erst in der vierten Woche eintritt, geht entweder direkt in Genesung über, welche aber stets sehr langsam verläuft, oder es schließen sich Nachkrankheiten verschiedener Art oder neue Ablagerung von Typhusmasse im Darm an (Typhusrecidiv), und der Kranke geht darüber bald zu Grunde, bald wenigstens vergehen noch Wochen bis zum Beginn der definitiven Genesung. Der bisher geschilderte Verlauf des T. zeigt mannigfache Modifikationen. Unter Abortivtyphus (Febricula, Febris typhoides) versteht man die besonders leicht und schnell fast nach Art eines akuten Magenkatarrhs verlaufenden Fälle von T. Eine andre Modifikation ist der T. ambulatorius, leichte Typhusfälle, bei welchen unter verhältnismäßig leichten anatomischen und klinischen Erscheinungen die Kranken umhergehen und, wenn auch mangelhaft und unter großer Selbstüberwindung, ihre gewöhnlichen Geschäfte zu besorgen im Stande sind. In andern Fällen zeigt der T. einen höchst tumultuarischen Verlauf, die Krankheitserscheinungen folgen schneller als gewöhnlich aufeinander, die Kranken gehen dann oft schon frühzeitig (Ende der ersten, Anfang der zweiten Woche) zu Grunde. Zwischen allen den genannten Typhusformen besteht jeder nur denkbare Übergang. Unter den Zwischenfällen, welche den normalen Verlauf des T. in den ersten Krankheitswochen unterbrechen, sind die wesentlichsten die Verschwärungen von Darmarterien, durch welche profuse und in nicht seltenen Fällen tödliche Blutungen des Darms hervorgerufen werden. Unter den zahlreichen Nachkrankheiten des T. sind zu nennen: die Lungenentzündung, Pleuritis, die Parotitis, die Nierenentzündung etc., Nachkrankheiten, welche in den meisten Fällen den Tod des Patienten herbeiführen. Der T. geht am häufigsten in Genesung über. Während früher eine Sterblichkeit von etwa 25 Proz. bestand, ist dieselbe heute auf durchschnittlich 10 Proz. herabgemindert, und man bezeichnet eine Typhusepidemie mit höherer Durchschnittssterblichkeit als „schwere“, mit niedrigerer als „leichte“.

Was die Behandlung des T. anbetrifft, so ist es zuvörderst geraten, den Kranken zu isolieren. Das Krankenzimmer muss groß sein und oft und gründlich gelüftet werden. Die Zimmertemperatur darf 14 ° nicht überschreiten. Der Körper des Kranken muss ängstlich reinlich gehalten und vor dem Aufliegen geschützt werden (durch sorgfältige Zubereitung des Lagers). Der Mund muss mit einem reinen angefeuchteten Leinwandläppchen regelmäßig gereinigt und der stinkende Belag der Zähne etc. entfernt werden. Als Getränk gibt man einfach Wasser und fordert zu fleißigem Trinken auf. Von Medikamenten gibt es kein Spezifikum gegen T. Vielfach wird, besonders im Anfang der Krankheit, Kalomel mit gutem Erfolg verabreicht, von manchen eine Mischung von Jod und Jodkali gerühmt, außerdem kommen unter Umständen Antipyretika wie Chinin, Salicylsäure etc. in Anwendung. Viel wichtiger ist eine richtige Diät, die im Hinblick auf den langwierigen und konsumierenden Verlauf des T. kräftigend und leicht verdaulich sein muss. Deshalb wird Milch in reichlichen Quantitäten, Kakao mit Milch, Bouillon mit Ei, bei Appetit auf feste Speisen eingeweichtes Weißbrot und Wein gereicht. Die Heftigkeit des Fiebers, von welcher im Anfang der Krankheit die meiste Gefahr droht, bekämpft man durch energische Wärmeentziehung, namentlich durch kalte Bäder. Diese systematische, von E. Brand eingeführte Kaltwasserbehandlung besteht in Vollbädern, die man von 24 °C auf 20 ° abkühlt und in welche man den Kranken, solange die Körperwärme 39 °C übersteigt, von Anfang bis Ende der Krankheit, bei Tag und bei Nacht alle 3 Stunden auf etwa 15 Minuten hineinträgt. Neben der Herabsetzung des Fiebers erreicht man durch diese Bäderkur einmal eine Reinigung des Körpers und ferner eine allgemeine Erfrischung und Ermunterung besonders der unbesinnlichen Kranken. Nach dem Bad wird der Kranke in wollenen Laken frottiert, abgetrocknet und durch Wein gestärkt. Die schweren Typhusfälle werden hierdurch in leichte umgewandelt, die Sterblichkeit auf ein Minimum herabgesetzt.

 Fortsetzung auf Seite 20

Fortsetzung von Seite 19

Am Ende von Thomas Manns Roman „Buddenbrooks“ (1901) stirbt der 16-jährige Hanno an Typhus:

Mit dem Typhus ist es folgendermaßen bestellt:

Der Mensch fühlt eine seelische Missstimmung in sich entstehen, die sich rasch vertieft und zu einer hinfälligen Verzweiflung wird. Zu gleicher Zeit bemächtigt sich seiner eine physische Mattigkeit, die sich nicht allein auf Muskeln und Sehnen, sondern auch auf die Funktionen aller inneren Organe erstreckt, und nicht zuletzt auf die des Magens, der die Aufnahme von Speise mit Widerwillen verweigert. Es besteht ein starkes Schlafbedürfnis, allein trotz äußerster Müdigkeit ist der Schlaf unruhig, oberflächlich, beängstigt und unerquicklich.

Das Gehirn schmerzt; es ist dumpf, befangen, wie von Nebeln umhüllt, und von Schwindel durchzogen. Ein unbestimmter Schmerz sitzt in allen Gliedern. Hie und da fließt ohne jedwede besondere Veranlassung Blut aus der Nase. – Dies ist die Introduktion.

Dann gibt ein heftiger Frostanfall, der den ganzen Körper durchrüttelt und die Zähne gegeneinanderwirbelt, das Zeichen zum Einsatze des Fiebers, das sofort die höchsten Grade erreicht. Auf der Haut der Brust und des Bauches werden nun einzelne linsengroße, rote Flecken sichtbar, die durch den Druck eines Fingers entfernt werden können, aber sofort zurückkehren. Der Puls rast; er hat bis zu hundert Schläge in einer Minute. So vergeht, bei einer Körpertemperatur von vierzig Grad, die erste Woche.

In der zweiten Woche ist der Mensch von Kopf- und Gliederschmerzen befreit; dafür aber ist der Schwindel bedeutend heftiger geworden, und in den Ohren ist ein solches Sausen und Brausen, dass es geradezu Schwerhörigkeit hervorruft. Der Ausdruck des Gesichtes wird dumm. Der Mund fängt an offen zu stehen, die Augen sind verschleiert und ohne Teilnahme. Das Bewusstsein ist verdunkelt; Schlafsucht beherrscht den Kranken, und oft versinkt er, ohne wirklich zu schlafen, in eine bleierne Betäubung. Dazwischen erfüllen seine Irr-Reden, seine lauten, erregten Fantasien das Zimmer. Seine schlaffe Hilflosigkeit hat sich bis zum Unreinlichen und Widerwärtigen gesteigert. Auch sind sein Zahnfleisch, seine Zähne und seine Zunge mit einer schwärzlichen Masse bedeckt, die den Atem verpestet. Mit aufgetriebenem Unterleibe liegt er regungslos auf dem Rücken. Er ist im Bette hinabgesunken, und seine Knie sind gespreizt. Alles an ihm arbeitet hastig, jagend und oberflächlich, seine Atmung sowohl wie der Puls, der an hundertundzwanzig flüchtig zuckende Schläge in einer Minute vollführt. Die Augenlider sind halb geschlossen, und die Wangen glühen nicht mehr wie zu Anfang rot vor Fieberhitze, sondern haben eine bläuliche Färbung angenommen. Die linsengroßen, roten Flecke auf der Brust und dem Bauche haben sich vermehrt. Die Temperatur des Körpers erreicht einundvierzig Grad …

In der dritten Woche ist die Schwäche auf ihrem Gipfel. Die lauten Delirien sind verstummt, und niemand kann sagen, ob der Geist des Kranken in leere Nacht versunken ist oder ob er, fremd und abgewandt dem Zustande des Leibes, in fernen, tiefen, stillen Träumen weilt, von denen kein Laut und kein Zeichen Kunde gibt. Der Körper liegt in grenzenloser Unempfindlichkeit. – Dies ist der Zeitpunkt der Entscheidung …

Bei gewissen Individuen wird die Diagnose durch besondere Umstände erschwert. Gesetzt zum Beispiel, dass die Anfangssymptome der Krankheit, Verstimmung, Mattigkeit, Appetitlosigkeit, unruhiger Schlaf, Kopfschmerzen, schon meistens vorhanden waren, als der Patient noch, die Hoffnung der Seinen, in völliger Gesundheit umherging? Dass sie sich, auch bei plötzlich verstärktem Auftreten, kaum als etwas Außergewöhnliches bemerkbar machen? – Ein tüchtiger Arzt von soliden Kenntnissen, wie, um einen Namen zu nennen, Doktor Langhals, der hübsche Doktor Langhals, mit den kleinen, schwarz behaarten Händen, wird gleichwohl bald in der Lage sein, die Sache bei ihrem richtigen Namen zu nennen, und das Erscheinen der fatalen roten Flecke auf der Brust und dem Bauche gibt ja völlige Gewissheit. Er wird über die Maßregeln, die zu treffen, die Mittel, die anzuwenden, nicht in Zweifel sein. Er wird für ein möglichst großes, oft gelüftetes Krankenzimmer sorgen, dessen Temperatur siebenzehn Grad nicht übersteigen darf. Er wird auf äußerste Sauberkeit dringen und auch durch immer erneutes Ordnen des Bettes den Körper, solange dies irgend möglich – in gewissen Fällen ist es nicht lange möglich –, vor dem „Wundliegen“ zu schützen suchen. Er wird eine beständige Reinigung der Mundhöhle mit nassen Leinwandläppchen veranlassen, wird, was die Arzneien betrifft, sich einer Mischung von Jod und Jodkalium bedienen, Chinin und Antipyrin verschreiben und, vor allem, da der Magen und die Gedärme schwer in Mitleidenschaft gezogen sind, eine äußerst leichte und äußerst kräftigende Diät

Fortsetzung auf Seite 21

Fortsetzung von Seite 20

verordnen. Er wird das zehrende Fieber durch Bäder bekämpfen, durch Vollbäder, in die der Kranke oft, jede dritte Stunde, ohne Unterlass, bei Tag und Nacht hineinzutragen ist und die vom Fußende der Wanne aus langsam zu erkälten sind. Und nach einem jeden Bade wird er rasch etwas Stärkendes und Anregendes, Kognak, auch Champagner verabreichen …

Alle diese Mittel aber gebraucht er durchaus aufs Geratewohl, für den Fall gleichsam nur, dass sie überhaupt von irgendeiner Wirkung sein können, unwissend darüber, ob ihre Anwendung nicht jedes Wertes, Sinnes und Zweckes entbehrt. Denn *eines* weiß er nicht, was *eine* Frage betrifft, so tappt er im Dunkel, über *ein* Entweder-Oder schwebt er bis zur dritten Woche, bis zur Krisis und Entscheidung in völliger Unentschiedenheit. Er weiß nicht, ob die Krankheit, die er „Typhus" nennt, in diesem Falle ein im Grunde belangloses Unglück bedeutet, die unangenehme Folge einer Infektion, die sich vielleicht hätte vermeiden lassen und der mit den Mitteln der Wissenschaft entgegenzuwirken ist – oder ob sie ganz einfach eine Form der Auflösung ist, das Gewand des Todes selbst, der ebenso gut in einer anderen Maske erscheinen könnte und gegen den kein Kraut gewachsen ist.

Mit dem Typhus ist es folgendermaßen bestellt: In die fernen Fieberträume, in die glühende Verlorenheit des Kranken wird das Leben hineinrufen mit unverkennbarer, ermunternder Stimme. Hart und frisch wird diese Stimme den Geist auf dem fremden, heißen Wege erreichen, auf dem er vorwärtswandelt und der in den Schatten, die Kühle, den Frieden führt. Aufhorchend wird der Mensch diese helle, muntere, ein wenig höhnische Mahnung zur Umkehr und Rückkehr vernehmen, die aus jener Gegend zu ihm dringt, die er so weit zurückgelassen und schon vergessen hatte. Wallt es dann auf in ihm, wie ein Gefühl der feigen Pflichtversäumnis, der Scham, der erneuten Energie, des Mutes und der Freude, der Liebe und Zugehörigkeit zu dem spöttischen, bunten und brutalen Getriebe, das er im Rücken gelassen: wie weit er auch auf dem fremden, heißen Pfade fortgeirrt sein mag, er wird umkehren und leben. Aber zuckte er zusammen vor Furcht und Abneigung bei der Stimme des Lebens, die er vernimmt, bewirkt diese Erinnerung, dieser lustige, herausfordernde Laut, dass er den Kopf schüttelt und in Abwehr die Hand hinter sich streckt und sich vorwärtsflüchtet auf dem Wege, der sich ihm zum Entrinnen eröffnet hat … nein, es ist klar, dann wird er sterben. –

Thomas Mann

Aufgaben

2. Vergleichen Sie den informierenden Sachtext mit dem literarischen Text: Was hat Thomas Mann wörtlich übernommen, was wandelt er ab und wo geht er über den Lexikoneintrag deutlich hinaus?

3. Erläutern Sie anhand der Beispiele, wie aus einem Sachtext ein fiktionaler, literarischer Text wird. Beschreiben Sie dabei auch, wie sich die Funktion der Texte verändert.

Hanno Buddenbrook mit gesenktem Kopf im Kreise von Gästen und seiner erwartungsvollen Familie

Fortsetzung auf Seite 22

Fortsetzung von Seite 21

Aufgaben

4. Verwenden Sie den folgenden Lexikonartikel als Quelle für einen eigenen literarischen Text, der die Infektion einer fiktionalen Figur mit dem Ebola-Virus schildert.

Nach der Ansteckung mit dem Ebola-Virus vergehen etwa zehn Tage. Diesen Zeitraum bezeichnet man als Inkubationszeit. Es ist die Zeit, in der die Viren sich im gesamten Körper durch den Blutkreislauf verteilen. Sobald diese Inkubationszeit vergangen ist, treten beim Patienten grippeähnliche Symptome auf. Dazu gehören hohes Fieber, Schüttelfrost, Kopfschmerzen, Müdigkeit, Gliederschmerzen und Augentränen. Außerdem wird von trockenem Husten und trockener Kehle, angeschwollener Nasenschleimhaut, Appetitlosigkeit sowie von Übelkeit und Erbrechen berichtet. Meist folgen hämorrhagisches Fieber (hohes Fieber bis zu 40 Grad Celsius zusammen mit inneren Blutungen) und Leber- und Nierenfunktionsstörungen, was vor allem Vitamin-D-Mangel, eine Harnvergiftung und starken Juckreiz zur Folge hat.

Durch die inneren Blutungen treten beim Patienten sehr häufig Ödeme auf. Dies ist eine Schwellung des Gewebes aufgrund einer Einlagerung von Flüssigkeit aus dem Gefäßsystem. Im Beispiel der Ebola-Infektion Blut. Im späteren Krankheitsverlauf der Ebola-Infektion treten außerdem blaue Flecke, verteilt über den ganzen Körper, auf (eine weitere Folge der inneren Blutungen). Blutiger Stuhl (meist in Verbindung mit Durchfall) und Urin gehören zu den regelmäßigsten Erscheinungen des Krankheitsverlaufs. Es kann außerdem zu lebensbedrohlichen Schockzuständen, eine Folge der gestörten Blutzirkulation in den Kapillaren, kommen.

Zudem können eine Sauerstoffunterversorgung des Gewebes und in letzter Konsequenz Stoffwechselstörungen auftreten. Durch die verminderte Blutzirkulation kann das Gehirn oft nicht mit genügend Sauerstoff versorgt werden, welches zuerst Kreislaufzusammenbrüche, später aber auch Krämpfe und Lähmungserscheinungen zur Folge haben kann. Des Weiteren treten Blutungen in den Schleimhäuten auf, sodass bei vielen Fällen von dem Spucken von Blut berichtet wird.

Nach und nach breitet sich also die Infektion im gesamten Körper aus und zerstört allmählich die kapillaren Blutgefäße. So führen vor allem Blutungen in der Milz, dem Magen-Darm-Trakt und der Lunge (ähnlich wie bei der Tuberkulose) zum Tod. Weltweit sind geschätzte 1800 Personen an dem Ebola-Virus gestorben. Die Sterblichkeitsrate liegt bei siebzig bis neunzig Prozent.

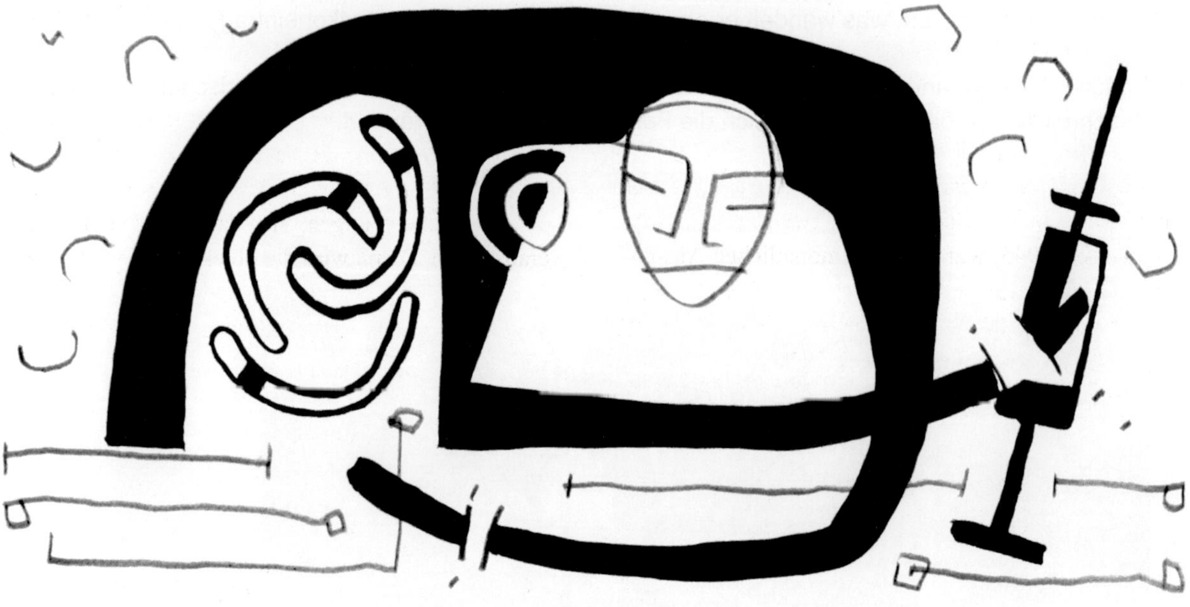

5. Überprüfen Sie Ihre Ergebnisse zu den Aufgaben 2 und 3 mit Hilfe von Seite 23.

Fortsetzung auf Seite 23

Fortsetzung von Seite 22

Hinweise zum Roman und zum Autor

Thomas Manns Roman *Buddenbrooks* entstand zwischen 1897 und 1900 und schildert anhand des Untergangs der Familie Buddenbrook exemplarisch das Schicksal des noblen patrizischen Bürgertums, an dessen Stelle die kapitalistische Bourgeoisie tritt. Der Sohn des Senators Thomas Buddenbrook, Hanno, repräsentiert das letzte Stadium eines Verfallsprozesses, in dessen Verlauf die Buddenbrooks den Gewinn an künstlerischer Sensibilität und politischer Bewusstheit mit dem Verlust ihrer Lebenstüchtigkeit bezahlen. Hanno, die körperlich zarte und stets anfällige Künstlernatur, leidet zeitlebens an Anämie (Blutarmut) und stirbt schließlich mit 16 Jahren an Typhus.

Thomas Mann (1875–1955) zählt zu den bedeutendsten Schriftstellern des 20. Jahrhunderts. Geboren wurde er in Lübeck als Sohn eines Kaufmanns und Senators und lebte dort bis zu seinem 23. Lebensjahr. Mit den *Buddenbrooks* setzte er seiner Heimatstadt ein literarisches Denkmal, sorgte aber unter den Lübecker Bürgerinnen und Bürgern und insbesondere unter seinen Verwandten, die sich in seinen Figuren wiedererkannten und verunglimpft sahen, auch für reichlich Unmut. Die *Buddenbrooks* erreichten weltweite Aufmerksamkeit und waren von Anfang an ein beachtlicher Verkaufserfolg, noch zwischen 1990 und 2000 verkauften sich um die 350 000 Exemplare. – 1929 erhielt Thomas Mann den Nobelpreis für Literatur. Ab 1933 lebte er als entschiedener Gegner des Nationalsozialismus im Exil, zuerst in der Schweiz, dann in den USA. Während des Krieges, in den Jahren 1940 bis 1945, wurden seine monatlichen Ansprachen „Deutsche Hörer!" von der BBC nach Deutschland gesendet. Kurz vor Kriegsende, 1944, wurde er amerikanischer Staatsbürger. Erst 1952 kehrte Mann nach Europa zurück, wo er 1955 in Zürich verstarb.

Aufgaben

1. Informieren Sie sich in einem ausführlichen Literatur-Lexikon oder im Internet über eines der folgenden Werke Thomas Manns: „Joseph und seine Brüder", „Doktor Faustus" und „Der Erwählte".
   Notieren Sie, auf welche Quellen bzw. Informationen Thomas Mann in dem von Ihnen gewählten Werk zurückgegriffen hat und – gegebenenfalls – wie er seine Quellen bearbeitet hat.

2. Wie beurteilen Sie Thomas Manns Umgang mit Quellen? Diskutieren Sie anhand des Typhus-Beispiels und Ihrer Ergebnisse aus Aufgabe 1.

Hinweise zu den Aufgaben

Zu 2 und 3: Informierende Sachtexte und fiktionale Texte unterscheiden sich, beginnend bei den unterschiedlichen Adressaten, in vielerlei Hinsicht. Der Gebrauchsfunktion des nicht fiktionalen Textes steht z. B. die Unterhaltungsfunktion des Romans gegenüber, dem ungebrochenen Wirklichkeitsbezug die Schaffung einer fiktionalen Welt.

Einige spezifische Verfahren der „Literarisierung" der Sachquelle lassen sich am Beispiel der *Buddenbrooks* erkennen, z. B. die Einführung literarischer Figuren (Doktor Langhals), von Handlungselementen auf der literarischen Diskursebene (Vorgehen des Arztes, seine Hilflosigkeit angesichts der Todesbereitschaft des Patienten), von Erzählerkommentaren über den Doktor und seine beschränkten Einwirkungsmöglichkeiten, die insbesondere auch der Motivverflechtung dienen (vor allem in Bezug auf das Motiv der Lebensuntüchtigkeit Hannos, der der „Stimme des Lebens" nicht mehr folgen will, da er dessen Brutalität verabscheut). Damit wird die objektive und äußerliche Beschreibung des Krankheitsverlaufs im Lexikonartikel in subtiler Weise subjektiviert und in die Psyche der literarischen Figur verlagert. Hanno stirbt nicht in erster Linie an Typhus, sondern weil er nicht mehr leben will.

Groteske Empfindsamkeit

Sind Sie „empfindsam“ oder „sentimental“? Heute mag man diese Fragen kaum noch bejahen, denn beide Begriffe stehen unter Kitschverdacht, und derjenige, der seine Gefühle zeigt, gilt als schwach. In der Epoche der Empfindsamkeit (ca. 1740–90) jedoch suchten die Menschen in der Gefühlswelt einen Zufluchtsort vor der Unterdrückung durch die Obrigkeit. Sie wehrten sich dagegen, auf gesellschaftliche Funktionen reduziert zu werden.

Aufgabe

1. Lesen Sie die drei Textausschnitte auf den Seiten 24 bis 27.

In Feridun Zaimoglus Roman „Liebesmale, scharlachrot“ (2000) sitzt Serdar am Strand der türkischen Ägäis und denkt darüber nach, wie es mit seinem Leben weitergehen soll. Wenn er nicht gerade in der Sonne liegt oder Haikus dichtet, berichtet er in Briefen an seinen Kumpel Hakan, was er als „Deutschländer“ in der Türkei erlebt:

Dienstag, 22. Juni

Hochverehrter Kumpel, mein lieber Hakan,
Sammler der heiligen Vorhäute Christi,
ich bin gesund und verspüre allerlei Munterkeiten, und ich bin heil und ohne Gram, ohne ein Gramm Verlust jener Transzendenz, die mein hoch körperliches Wesen in meiner kalten Heimat ausstrahlte, an der Westküste des türkischen Festlandsockels angekommen. Und nicht eine Zähre wischte ich vom trän'gen Auge, nicht einen Freudenstich versetzte mir meine Ankunft hier, nicht eine Sekunde beschleunigte mein Juwelenherz seinen Rhythmus, als ich hier eintraf.

Du weißt, ich musste fliehen aus Kiel, weil mir die Frauen im Nacken saßen. Du hast ja noch mitbekommen, wie Anke sich in mich verkrallen wollte und wie Dina mich nicht mehr gehen ließ. Ich hab das nicht mehr ausgehalten, und ich bin, dir hab ich's ja schon vom Flughafen aus per Telefon erzählt, zu meinen Eltern an die Ägäis geflogen, um mir mal darüber klar zu werden, was ich nun eigentlich will. Diese ewigen Frauengeschichten machen mich irgendwie krank – man isst und trinkt nicht mehr normal, verschwendet Gedanken an Trennkost und Müsli mit Birnendicksaft zum Frühstück, traut sich nicht mehr, ans Telefon zu gehen –, das habe ich einfach nicht mehr ertragen können. [...]

Aber ich bin gleich ans Eingemachte gegangen, mein Mammutproblem mal beiseite, du hast ja keine Ahnung, wo ich bin und was mich umgibt, und ich sollte dir erst mal eine grobe Skizze liefern, damit du eine ungefähre Vorstellung davon hast, was du hier versäumst. Das Haus meiner Eltern also ist ein kleiner Teil in einem etwas größeren Komplex, der eingezäunt ist und abgeschirmt gegen das lausige Bauernvolk der Umgebung. Denn die Ziegentreiber draußen in der Welt wissen zwar, dass sich diesseits der Schranke jede Menge Bikinihöschen tummeln, dass aber vor Ort visualisieren nicht gilt, denn zwei Schlagbäume am Nadelöhr der Siedlung verhindern ihr Einströmen in diese Gegend. Außerdem patrouillieren Nachtwächter durch das Feriendorf und verständigen sich mit Trillerpfeifen, von deren schrillen Schreien ich bereits mehrmals wach zu werden die Freude hatte. Ich war, ehrlich gesagt, drauf und dran, rauszustürmen und den Scheißwichteln die Rübe einzuschlagen.

Ich frage mich also, was ich Bauernlümmel mit der Gnade der späten Bildung eigentlich hier zu suchen habe, ob ich, wenn nicht meine Klasse, die auf der Strecke zwischen Ackerland und Fabrikhalle krepierte, so doch irgendeine marginale Zugehörigkeit verrate. Ich fühle mich wie ein Luxuskümmel in einer Hartschalenwelt, oben Sonne, unten Sand, und mein Arsch schwebt und schwebt, ein Ballon in den Gefilden aus Furzluft.

Mein taubengraues Tunnelzug-Zupfpantalon aus Fallschirmseide macht hierzulande fett Eindruck, man darf die applizierten Seitentaschen nur nicht vollstopfen, sonst ist der Tuchvorteil im Arsch. Du kennst unseren Slogan: „Man hat keine zweite Chance für den ersten Eindruck!“ Ein braun gebranntes Girl hier aus diesem Luxus-Ghetto hat mir

Fortsetzung auf Seite 25

gestern Bescheid gestoßen: „Dein Gesicht ist zwar Sonderdeponie, aber mit dieser Hose bist du mega-in." [...]

Im Moment bin ich es relativ leid, mir den Kopf zu zerbrechen über die Frauen, die machen sowieso das, wozu sie Lust haben, und mich deucht, ich will in Liebesdingen nicht auf Sendung gehen. Wenn ich mir die hiesigen Schatzimausis so angucke, möchte ich stattdessen gleich alle Gefühle einmotten. Sie haben sich die Besenreiser weglasern lassen und vergleichen ihre Beine untereinander. Zwischendurch rufen sie in einer artifiziellen Kaputtfunktonlage nach ihren blöden Blagen. Ihre Eierköppe von Ehemännern tragen ihren Haaransatz im Nacken und haben Speck an den Hüften wie ein umgekehrter Döner am Spieß, dass man mit einer Machete Scheibchen absäbeln möchte. Den meisten Türkenvatis hängt die Haarmatte am Scheitel seitlich runter bis fast zum Kinn, sie sehen aus wie ondulierte Zombies auf dem Weg zum Babyfraß.

Klar, wenn die Straßenbeleuchtung wieder einmal ausfällt, knallen bei mir die Synapsen durch, und ich werde wehmütig. Ich würde so gerne mit einem Knutschfleck am Hals herumlaufen, ein schönes, großes, violettes Liebesmal, dass mich die anderen Hähne um mein erfülltes Liebesleben beneiden und ihre verdammten Kämme abschwellen. Frau Mama setzt mir auch immens zu, sie sagt: „Es wäre doch wohl nicht der Weltuntergang, wenn du dich nicht zieren würdest und ein superreines Mädchen freitest, das den Zitzen ihrer Mutter eine ebenso reine Milch abgesogen hat?" [...] Mein Vater dagegen lässt nur verlauten: „Ich kenne meinen Sohn, er popelt sich lieber im Arsch, als die Keime des Stammes zu streuen. Er soll sein Glück finden mit den deutschen Frolleins!" [...]

In meinem Horoskop wird mir ein Hagelschlag an Nachrichten aus der Ferne vorhergesagt, und ich soll mich in Ruhe und Gelassenheit üben. Nicht, dass ich besonders abergläubisch wäre, aber auf irgendwelche Hiobsbotschaften kann ich gerne verzichten. Ich werde ob solcher Prophezeiungen nervös und möchte mich am liebsten in eine Bärenhöhle verziehen und mit der Bärenmutter Löffelchen liegen, bis sie aufwacht und mich mit einem einzigen Tatzenwatschen für immer und ewig erledigt.

Dein
sorgenfaltenbestirnter,
nasenspitzenblasser
Out-of-area-Kumpel
Serdar

Feridun Zaimoglu

Mit „Die Leiden des jungen Werther" schafft Goethe im Jahr 1774 seinen literarischen Durchbruch: Der Rechtspraktikant Werther berichtet bis zu seinem Freitod über seine unglückliche Liebe zu Lotte, die bereits mit einem anderen Mann verlobt ist.

Am 4. Mai 1771.

Wie froh bin ich, dass ich weg bin! Bester Freund, was ist das Herz des Menschen! Dich zu verlassen, den ich so liebe, von dem ich unzertrennlich war, und froh zu sein! Ich weiß, du verzeihst mir's. Waren nicht meine übrigen Verbindungen recht ausgesucht vom Schicksal, um ein Herz wie das meine zu ängstigen? Die arme Leonore! Und doch war ich unschuldig. Konnt' ich dafür, dass, während die eigensinnigen Reize ihrer Schwester mir eine angenehme Unterhaltung verschafften, dass eine Leidenschaft in dem armen Herzen sich bildete? Und doch – bin ich ganz unschuldig? Hab ich nicht ihre Empfindungen genährt? Hab ich mich nicht an den ganz wahren Ausdrücken der Natur, die uns so oft zu lachen machten, so wenig lächerlich sie waren, selbst ergetzt? Hab ich nicht – O was ist der Mensch, dass er über sich klagen darf! Ich will, lieber Freund, ich verspreche dir's, ich will mich bessern, will nicht mehr ein bisschen Übel, das uns das Schicksal vorlegt, wiederkäuen, wie ich's immer getan habe; ich will das Gegenwärtige genießen, und das Vergangene soll mir vergangen sein. Gewiss, du hast recht, Bester, der Schmerzen wären minder unter den Menschen, wenn sie nicht – Gott weiß, warum sie so gemacht sind! – mit so viel Emsigkeit der Einbildungskraft sich beschäftigten, die Erinnerungen des vergangenen Übels zurückzurufen, eher als eine gleichgültige Gegenwart zu ertragen.

Du bist so gut, meiner Mutter zu sagen, dass ich ihr Geschäft bestens betreiben und ihr ehstens Nachricht davon geben werde. Ich habe meine Tante gesprochen und bei weitem das böse Weib nicht gefunden, das man bei uns aus ihr macht. Sie ist eine muntere, heftige Frau von dem besten Herzen. Ich erklärte ihr meiner Mutter Beschwerden über den zurückgehaltenen Erbschaftsanteil; sie sagte mir ihre Gründe, Ursachen und die Bedingungen, unter welchen sie bereit wäre, alles herauszugeben und

Fortsetzung auf Seite 26

Fortsetzung von Seite 25

mehr, als wir verlangten – Kurz, ich mag jetzt nichts davon schreiben, sage meiner Mutter, es werde alles gutgehen. Und ich habe, mein Lieber, wieder bei diesem kleinen Geschäft gefunden, dass Missverständnisse und Trägheit vielleicht mehr Irrungen in der Welt machen als List und Bosheit. Wenigstens sind die beiden Letzteren gewiss seltener.
Übrigens befinde ich mich hier gar wohl. Die Einsamkeit ist meinem Herzen köstlicher Balsam in dieser paradiesischen Gegend, und diese Jahrszeit der Jugend wärmt mit aller Fülle mein oft schauderndes Herz. Jeder Baum, jede Hecke ist ein Strauß von Blüten, und man möchte zum Maienkäfer werden, um in dem Meer von Wohlgerüchen herumschweben und alle seine Nahrung darin finden zu können.
Die Stadt selbst ist unangenehm, dagegen rings umher eine unaussprechliche Schönheit der Natur. Das bewog den verstorbenen Grafen von M., einen Garten auf einem der Hügel anzulegen, die mit der schönsten Mannigfaltigkeit sich kreuzen und die lieblichsten Täler bilden. Der Garten ist einfach, und man fühlt gleich bei dem Eintritte, dass nicht ein wissenschaftlicher Gärtner, sondern ein fühlendes Herz den Plan gezeichnet, das seiner selbst hier genießen wollte. Schon manche Träne hab ich dem Abgeschiedenen in dem verfallenen Kabinettchen geweint, das sein Lieblingsplätzchen war und auch meines ist. Bald werde ich Herr vom Garten sein; der Gärtner ist mir zugetan, nur seit den paar Tagen, und er wird sich nicht übel dabei befinden.

Johann Wolfgang von Goethe

Mit ihrer „Geschichte des Fräuleins von Sternheim“ (1771), dem ersten deutschsprachigen Tugend- und Familienroman nach englischem Muster, wurde Sophie von La Roche mit einem Schlag zur literarischen Berühmtheit. Sophie von Sternheim wächst auf dem familieneigenen Landgut natürlich-tugendhaft unter der Obhut ihres Vaters, eines geadelten Obersten, auf; ihre Mutter ist bereits früh verstorben. Als sie 19 Jahre alt ist, stirbt auch ihr Vater und sie muss in die Landeshauptstadt D. zu entfernten Verwandten ziehen, die sie um des politischen Vorteils willen zur Mätresse des Fürsten machen wollen. Anstatt sich weiterzubilden, muss Sophie sich dem Leben am Hofe anpassen.

O meine Emilia! wie nötig ist mir eine erquickende Unterhaltung mit einer zärtlichen und tugendhaften Freundin!
Wissen Sie, dass ich den Tag, an dem ich mich zu der Reise nach D. bereden ließ, für einen unglücklichen Tag ansehe. Ich bin ganz aus dem Kreise gezogen worden, den ich mit einer so seligen Ruhe und Zufriedenheit durchging. Ich bin hier niemandem, am wenigsten mir selbst, nütze; das Beste, was ich denke und empfinde, darf ich nicht sagen, weil man mich *lächerlich-ernsthaft* findet; und so viel Mühe ich mir gebe, aus Gefälligkeit gegen die Personen, bei denen ich bin, ihre Sprache zu reden, so ist doch meine Tante selten mit mir zufrieden, und ich, Emilia, noch seltener mit ihr. Ich bin nicht eigensinnig, mein Kind, in Wahrheit, ich bin es nicht; ich fordere nicht, dass jemand hier denken solle wie ich; ich sehe zu sehr ein, dass es eine moralische Unmöglichkeit ist. Ich nehme keinem übel, dass der Morgen am Putztische, der Nachmittag in Besuchen, der Abend und die Nacht mit Spielen hingebracht wird. Es ist hier die große Welt, und diese hat die Einrichtung ihres Lebens mit dieser Haupteinteilung angefangen. Ich bin auch sehr von der Verwunderung zurückgekommen, in die ich sonst geriet, wenn ich an Personen, die meine selige Großmama besuchten, einen so großen Mangel an guten Kenntnissen sah, da sie doch von Natur mit vielen Fähigkeiten begabt waren. Es ist nicht möglich, meine Liebe, dass eine junge Person in diesem betäubenden Geräusche von lärmenden Zeitvertreiben einen Augenblick finde, sich zu sammeln. Kurz, alle hier sind an diese Lebensart und an die herrschenden Begriffe von Glück und Vergnügen gewöhnt und lieben sie ebenso, wie ich die Grundsätze und Begriffe liebe, welche Unterricht und Beispiel in meine Seele gelegt haben. Aber man ist mit meiner Nachsicht, mit meiner Billigkeit nicht zufrieden; ich soll denken und empfinden wie sie, ich soll freudig über meinen wohlgeratnen Putz, glücklich durch den Beifall der andern und entzückt über den Entwurf eines Soupers, eines Balls werden. Die Opera, weil es die erste war, die ich sah, hätte mich außer mir selbst setzen sollen, und der Himmel weiß, was für elendes Vergnügen ich in dem Lob des Fürsten habe finden sollen. Alle Augenblicke wurde ich in der Komödie gefragt: „Nun, wie gefällt's Ihnen, Fräulein?“
„Gut“, sagte ich ganz gelassen; „es ist vollkommen nach der Idee, die ich mir von diesen Schauspielen machte.“ Da war man missvergnügt und sah mich als eine Person an, die nicht wisse, was sie rede. Es mag sein, Emilia, dass es ein Fehler meiner Empfindungen ist, dass ich die Schauspiele nicht liebe,

Fortsetzung auf Seite 27

und ich halte es für eine Wirkung des Eindrucks, den die Beschreibung des Lächerlichen und Unnatürlichen eines auf dem Schlachtfeld singenden Generals und einer sterbenden Liebhaberin, die ihr Leben mit einem Triller schließt, so ich im Englischen gelesen habe, auf mich machte. Ich kann auch niemand tadeln, der diese Ergötzlichkeiten liebt. Wenn man die Verbindung so vieler Künste ansieht, die für unser Aug und Ohr dabei arbeiten, so ist schon dieses angenehm zu betrachten; und ich finde nichts natürlicher als die Leidenschaften, die eine Aktrice oder Tänzerin einflößt. Die Intelligenz (lassen Sie mir dieses Wort), mit welcher die Erste ihre Rolle spielt, da sie ganz in den Charakter, den sie vorstellt, eintritt, von edlen zärtlichen Gesinnungen mit voller Seele redt, selbst schön dabei ist und die ausgesuchte Kleidung, die affektvolleste Musik mit allen Verzierungen des Theaters dabei zu Gehülfen hat – wo will sich der junge Mann retten, der mit einem empfindlichen Herzen in den Saal tritt und da von Natur und Kunst zugleich bestürmt wird?

Sophie von La Roche

Aufgaben

2. Beschreiben Sie mit eigenen Worten die Situation bzw. den Konflikt, in dem sich die drei Protagonisten jeweils befinden.

3. Untersuchen Sie die Sprache der drei Briefeschreiber. Inwiefern bedient sich Zaimoglu einer eigenen, verzerrten Spielart der Empfindsamkeit?

4. Erläutern Sie, warum sich „empfindsame“ Inhalte besonders gut in einem Briefroman transportieren lassen.

5. Welches Bild des Migranten Serdar zeichnet Zaimoglu? In welches Verhältnis setzt sich Serdar zu seinen deutschen und türkischen Landsleuten? Untermauern Sie Ihre Aussagen mit Textbelegen.

6. Lesen Sie die folgende Definition des Begriffs „Pikaro“ und überlegen Sie, in welchen Punkten sich diese Definition auf Serdar anwenden lässt. Notieren Sie Übereinstimmungen und Differenzen.

   Charakteristisch für den Schelmenroman ist [...] die ungeschminkt-realistische Darstellung von Details und die durch die Erzählperspektive vermittelte pessimistische, die Welt in Frage stellende Sicht der dargestellten Gesellschaft vom Blickwinkel des sozial Unterprivilegierten aus. Zentrum und Bezugspunkt des Schelmenromans ist die Figur des *Pikaro*, der den Typ des Abenteurers, des Weltklugen, des Schalks, des Einfältig-Naiven und des Habenichts in sich vereinigt, ein oft philosophischer, reflektierender, kritischer Antiheld „niederer“ Herkunft. [...] Der oft ironisch, als Tor wie als Schelm dargestellte pikarische Held vertritt die Lebensideologie von der Unzulänglichkeit alles Menschlichen und betrachtet die Welt als Bühne, als eitlen Wahn.

7. Zusatzaufgabe: Informieren Sie sich in verschiedenen Gruppen über weitere deutschsprachige Künstler (Schriftsteller, Filmemacher usw.), die einen Migrationshintergrund haben. Stellen Sie Ihre Ergebnisse anschließend in Plakatform dem Plenum vor.

8. Überprüfen Sie Ihre Ergebnisse zu den Aufgaben 3, 4, 5 und 6 mit Hilfe von Seite 28.

Fortsetzung von Seite 27

Hinweise zu den Autoren

Feridun Zaimoglu wurde 1964 in Bolu (Türkei) geboren und kam bereits ein Jahr später mit seinen Eltern nach Deutschland. Er wuchs in Berlin und München auf und lebt seit 1985 in Kiel. Nach dem Studium der Medizin und Kunst arbeitet er heute als Schriftsteller, Drehbuchautor und Journalist. In seinen mehrfach ausgezeichneten und in mehrere Sprachen übersetzten Werken thematisiert er u. a. die Probleme junger türkischstämmiger Frauen und Männer. Damit beteiligt er sich auch am politischen Diskurs um die Integration von Migranten in Deutschland.

Johann Wolfgang von Goethe (1749–1832) war nicht nur Dichter, er forschte und publizierte auch auf verschiedenen wissenschaftlichen Gebieten und bekleidete diverse Ämter am Weimarer Hof. Mit seinem empfindsamen Briefroman *Die Leiden des jungen Werther* erlangte er 1774 in ganz Europa Berühmtheit und ebnete gleichzeitig den Weg für die Epoche des „Sturm und Drang". Im *Werther* verarbeitet er einerseits seine platonische Liebe zu Charlotte Buff, die er während seines juristischen Praktikums in Wetzlar kennen lernte, und außerdem Züge zweier Bekannter, die auf Grund einer unerreichbaren Liebe den Freitod wählten. Gemeinsam mit Friedrich Schiller wurde Goethe später zum Inbegriff der Weimarer Klassik.

Sophie von La Roche (1730–1807) entstammt einer sehr pietistischen Arztfamilie aus dem Allgäu. Nach der Heirat mit Georg Michael Frank von La Roche lebte sie zunächst in Mainz, später auf Schloss Warthausen und Schloss Bönnigheim, wo sie ihre *Geschichte des Fräuleins von Sternheim* verfasste. Sie folgte ihrem Mann nach dessen Ernennung zum Konferenzminister des Kurfürsten von Trier nach Koblenz. Hier unterhielt sie ihren großen Salon und empfing alle bedeutenden Literaten und Künstler jener Zeit. Als ihr Mann wegen kirchenkritischer Äußerungen 1780 entlassen wurde, fanden sie bei Freunden in Speyer Aufnahme. 1788, nach dem Tod ihres Mannes, sorgte sich die Familie Brentano in Offenbach um sie, mit der sie auf Grund der Heirat ihrer Tochter Maximiliane verbunden war.

Hinweise zu den Aufgaben

Zu 3 und 4: Die Empfindsamkeit als gefühlsbetonte geistige Strömung innerhalb der europäischen Aufklärung ist nach neueren Untersuchungen keine Opposition gegen die rationalistische Vernunft, sondern eine „nach innen gewendete" Aufklärung, die versucht, mit Hilfe der Vernunft auch die Empfindungen aufzuklären. Unter Leitung der guten Affekte erlangt man moralische Zufriedenheit. Indem Zaimoglu diese Empfindsamkeit übersteigert und schwärmerische Gefühlsausbrüche mit sexueller Begierde explizit verknüpft, kann man an dieser Stelle von einer verzerrten oder „grotesken Empfindsamkeit" sprechen.
Die Briefform erlaubt es, den Leser durch Anreden zum Vertrauten des empfindsamen Helden zu machen. Die Gefühlsregungen der Protagonisten, ihre Sorgen und Schwärmereien gewinnen dadurch an Unmittelbarkeit (Authentizität) und Intensität.

Zu 5 und 6: Das Bild des Migranten, das Zaimoglu in seinem Text entwirft, gründet auf einer hybriden Identität. Er betont die Kontraste zwischen den Kulturen, das Spannungsverhältnis von Eigenem und Fremdem sowie von Mehrheit und Minderheit. Sein nachdenklicher und spitzzüngiger „Deutschländer" im türkischen Exil trägt dabei durchaus pikareske Züge, ist aber zumindest in der Türkei ausdrücklich kein Underdog, sondern, mit seinen eigenen Worten, ein „Luxuskümmel".

Die Einsamkeit überwinden

Das Scheitern von Beziehungen ist spätestens seit dem 18. Jahrhundert ein großes Thema der Literatur. Dabei stehen im Laufe der Zeit verschiedene Problemkonstellationen, etwa Standesschranken oder Ehen aus ökonomischem Kalkül, im Mittelpunkt. Zu den beherrschenden Themen heute gehören eine wachsende Bindungsangst und eine zunehmende Unfähigkeit zur Kommunikation.

Aufgabe

1. Lesen Sie die Texte auf den Seiten 29 bis 31.

Tim und Tanja sind die Protagonisten in Benjamin Leberts Roman „Kannst du". Sie kennen sich nur flüchtig aus einer Kneipe in Berlin. Auf Grund seines frühen Erfolgs als Autor hat Tim mit 21 Jahren bereits den gesamten Globus bereist und viele Liebesbriefe erhalten. Dennoch ist er einsam geblieben und flüchtet vor jeder tieferen persönlichen Beziehung, außerdem spürt er den Erwartungsdruck seines Publikums und sucht nach der richtigen Inspiration. Die 18-jährige Tanja, eine lebenslustige und selbstsichere Frau, scheint ihm die Möglichkeit zu bieten, aus seiner Einsamkeit auszubrechen. Nicht ahnend, dass auch Tanja in ihren eigenen Kummer vertieft ist, begibt er sich mit ihr auf eine Interrail-Reise durch Skandinavien, die für beide zum Prüfstein wird.

Ich marschierte hinter Tanja her. Wir folgten einem schmalen Pfad immer tiefer in den Wald. Am Anfang hatte man noch Autos gehört. Dann irgendwann nur noch das typische Zirpen und die Pfiffe der Vögel, leises Holzklopfen und Knacken. Den Wind in Blättern. Es war kalt geworden. Mich fröstelte. Der Rucksack ging mir tierisch auf die Nerven. Über die Aussicht, die heutige Nacht im Zelt zu verbringen, freute ich mich auch nicht gerade. Ein Zweig, den ich wegschob und zu früh wieder losließ, knallte mir ins Gesicht. Als wolle der Baum, zu dem er gehörte, sagen: *Reiß dich gefälligst zusammen, du Schlappschwanz!*

„Ja, ja!", brabbelte ich und ging brav weiter. Tanja lief, eine voll gefüllte Kanne mit Wasser schleppend, weit voraus, als kenne sie den Weg.

Und tatsächlich: Kurz darauf gelangten wir auf eine freie, kleine, hügelige Rasenfläche, die für uns wie geschaffen schien. Über uns ein herrliches Stück blauer Himmel, wie extra für uns beide herausgeschnitten. „Und? Gefällt's dir?"

Sie stellte die Wasserkanne auf den Boden.

„Du bist großartig", entgegnete ich.

„Das will ich meinen."

Ich umarmte sie.

Wir begannen sofort damit, das Zelt aufzubauen. Ich stellte mich jedoch derart ungeschickt an, dass sie sagte: „Setz dich hin! Wenn ich es alleine mache, geht es viel schneller!" Also setzte ich mich im Schneidersitz auf den Boden zwischen einhundertdreiundachtzigtausend Mücken und schrieb etwas in mein Notizbuch. Während Tanja weiter das Zelt aufbaute, musterte sie mich von Zeit zu Zeit.

„Tim?"

„Ja?" Ich sah von meinem Notizbuch auf. Mindestens die Hälfte der einhundertdreiundachtzigtausend Mücken hatte mich schon gestochen.

„Weißt du, ich wollte dir sagen, du solltest einen Roman schreiben über die Probleme von jungen Leuten heutzutage. In dem sie sich wirklich wiederfinden können. So was fehlt. Das bräuchten sie."

„Lustig", entgegnete ich, „ich dachte, dass ich etwas Ähnliches schon getan hätte."

„Nein, hast du eben nicht. *Wo wohnt Gott?* zu fragen und dann von geilen Mösen und Fotzen zu schreiben, das setzt sich ziemlich halbherzig mit diesem Thema auseinander. Natürlich finden das auch viele toll. Aber ich spreche von etwas, das die meisten wirklich berührt. Sie sollen spüren können, dass das, was in diesem Buch steht, wahr ist. Sie sollen sich verstanden fühlen. Vielleicht wäre ihnen dadurch schon etwas geholfen."

„Super, jetzt, wo du es mir erklärt hast, kann ich gleich anfangen."

„Worum geht es denn in dem Roman, an dem du gerade schreibst?"

„Können wir nicht über etwas anderes reden? Bitte!"

Als das Zelt stand, kochte sie auf einem Gaskocher eine Suppe. Grillen zirpten im Gras. Der Dampf der Suppe schlängelte sich in den Abendhimmel. Sie hockte vor dem Topf, rührte mit einem Löffel darin herum und sah ab und an zu mir herüber, während ich weiterschrieb. Und in ihren Augen leuchtete nun so etwas Liebevolles, so gänzlich Wohlwollendes, als wäre ich gerade dabei, ein Geschenk für sie

Fortsetzung auf Seite 30

Fortsetzung von Seite 29

zu basteln. In diesem Moment tat es mir leid, wie ich zu ihr war. Dass ich nicht mehr darauf gab, sie glücklich zu sehen. Beim Essen fragte sie: „Welcher Ort auf der Erde zieht dich gerade am meisten an?" Ich überlegte. „Ich denke, heute Abend würde ich mich auf Amsterdam festlegen."

„Warum?"

„Ich weiß nicht, ob das wahr ist, aber ich habe gehört, dass in Amsterdam viele Leute aus den verschiedensten Gründen stranden. Dass das immer schon so war. Ich denke, Amsterdam ist eine Stadt für Leute, die nicht wissen, wohin. Jeder Ort der Erde, egal welcher, ist auch immer ein Hafen für Verlorene. Aber im Gegensatz zu anderen Städten gibt sich Amsterdam nicht viel Mühe, so zu tun, als wäre das nicht der Fall. Und da ich nicht weiß, wie lange man das alles durchhalten kann, wie lange ich selbst Dinge verbergen kann, interessiert mich dieser Ort. Ich bin auch schon mal dort gewesen und habe mich gut gefühlt. Und wenn alle Stricke reißen, werde ich wohl endgültig da hingehen." Ich lächelte sie an, nachdem ich meine kleine Rede beendet hatte. Sie lächelte nicht zurück. Es war, als schaue sie in sich hinein. Ein paar Sekunden vergingen. Ich löffelte meine Suppe, schlürfte dann den Rest aus meiner Plastikschale. Plötzlich schien sie alles um sich herum wieder wahrzunehmen. Träge hob sie den Topf in die Höhe. „Möchtest du noch was?"

„Nein, danke."

Sie klatschte in die Luft. „Scheiß Mücken!"

„Und dich?", fragte ich. „Welcher Ort zieht dich besonders an?"

„Es gibt keinen bestimmten Ort", antwortete sie nach kurzem Zögern. „Auf jeden Fall möchte ich irgendwohin, wo es ruhig ist. Friedlich. Ich habe das Tönen der Städte satt. Den ganzen Wirrwarr. Ich hätte wirklich nichts dagegen, länger an einem Ort zu sein, der so ist wie dieser hier. In einer solchen Jugendherberge wie dort vorne zu übernachten, das könnte ich mir vorstellen. Mit anderen Leuten vielleicht. Oder alleine. Wenn ich's mir genau überlege, dann wäre das eigentlich am schönsten. Spazieren gehen, nachdenken. Stille."

„Kein *Viertel* mehr?", fragte ich.

Sie blickte auf den Boden.

„Nein, um ehrlich zu sein, habe ich die Schnauze voll von so was."

Die Nacht hatte inzwischen die Rasenfläche und den Wald ringsherum vollkommen in Besitz genommen. Sterne funkelten an unserem Himmelsstück.

Benjamin Lebert

In Theodor Storms Novelle „Immensee" erinnert sich Reinhardt als alter und einsamer Mann an seine Jugendliebe Elisabeth, die später, auf Drängen ihrer Mutter, seinen Schulfreund Erich geheiratet hat. – Im Kindes- und Jugendalter genießen Reinhardt und Elisabeth noch die gemeinsame Zeit. Bei einem Gesellschaftsausflug in den nahe gelegenen Wald streifen sie durch das Gehölz und suchen Erdbeeren:

Dann gingen sie in den Wald hinein, tiefer und tiefer; durch feuchte, undurchdringliche Baumschatten, wo alles still war, nur unsichtbar über ihnen in den Lüften das Geschrei der Falken; dann wieder durch dichtes Gestrüpp, so dicht, dass Reinhardt vorangehen musste, um einen Pfad zu machen, hier einen Zweig zu knicken, dort eine Ranke beiseitezubiegen. Bald aber hörte er hinter sich Elisabeth seinen Namen rufen. Er wandte sich um. „Reinhardt!", rief sie, „warte doch, Reinhardt!" Er konnte sie nicht gewahr werden; endlich sah er sie in einiger Entfernung mit den Sträuchern kämpfen; ihr feines Köpfchen schwamm nur kaum über den Spitzen der Farrenkräuter. Nun ging er noch einmal zurück und führte sie durch das Wirrnis der Kräuter und Stauden auf einen freien Platz hinaus, wo blaue Falter zwischen den einsamen Waldblumen flatterten. Reinhardt strich ihr die feuchten Haare aus dem erhitzten Gesichtchen; dann wollte er ihr den Strohhut aufsetzen und sie wollte es nicht leiden; dann aber bat er sie und dann ließ sie es doch geschehen.

„Wo bleiben denn aber deine Erdbeeren?", fragte sie endlich, indem sie stehen blieb und einen tiefen Atemzug tat.

„Hier haben sie gestanden", sagte er, „aber die Kröten sind uns zuvorgekommen, oder die Marder, oder vielleicht die Elfen."

„Ja", sagte Elisabeth, „die Blätter stehen noch da; aber sprich hier nicht von Elfen. Komm nur, ich bin noch gar nicht müde; wir wollen weitersuchen."

Vor ihnen war ein kleiner Bach, jenseits wieder der Wald. Reinhardt hob Elisabeth auf seine Arme und trug sie hinüber. Nach einer Weile traten sie aus dem schattigen Laube wieder in eine weite Lichtung hinaus. „Hier müssen Erdbeeren sein", sagte das Mädchen, „es duftet so süß."

Fortsetzung auf Seite 31

Fortsetzung von Seite 30

Sie gingen suchend durch den sonnigen Raum; aber sie fanden keine. „Nein“, sagte Reinhardt, „es ist nur der Duft des Heidekrautes.“

Himbeerbüsche und Hülsendorn standen überall durcheinander; ein starker Geruch von Heidekräutern, welche abwechselnd mit kurzem Grase die freien Stellen des Bodens bedeckten, erfüllte die Luft. „Hier ist es einsam“, sagte Elisabeth; „wo mögen die andern sein?“

An den Rückweg hatte Reinhardt nicht gedacht. „Warte nur; woher kommt der Wind?“, sagte er und hob seine Hand in die Höhe. Aber es kam kein Wind.

„Still“, sagte Elisabeth, „mich dünkt, ich hörte sie sprechen. Rufe einmal dahinunter.“

Reinhardt rief durch die hohle Hand: „Kommt hieher!“ – „Hieher!“, rief es zurück.

„Sie antworten!“, sagte Elisabeth und klatschte in die Hände.

„Nein, es war nichts, es war nur der Widerhall.“

Elisabeth fasste Reinhardts Hand. „Mir graut!“, sagte sie.

„Nein“, sagte Reinhardt, „das muss es nicht. Hier ist es prächtig. Setz dich dort in den Schatten zwischen die Kräuter. Lass uns eine Weile ausruhen; wir finden die andern schon.“

Elisabeth setzte sich unter eine überhängende Buche und lauschte aufmerksam nach allen Seiten; Reinhardt saß einige Schritte davon auf einem Baumstumpf und sah schweigend nach ihr hinüber. Die Sonne stand gerade über ihnen; es war glühende Mittagshitze; kleine, goldglänzende, stahlblaue Fliegen standen flügelschwingend in der Luft; rings um sie her ein feines Schwirren und Summen, und manchmal hörte man tief im Walde das Hämmern der Spechte und das Kreischen der andern Waldvögel.

„Horch“, sagte Elisabeth, „es läutet.“

„Wo?“, fragte Reinhardt.

„Hinter uns. Hörst du? Es ist Mittag.“

„Dann liegt hinter uns die Stadt; und wenn wir in dieser Richtung gerade durchgehen, so müssen wir die andern treffen.“

So traten sie ihren Rückweg an; das Erdbeerensuchen hatten sie aufgegeben, denn Elisabeth war müde geworden. Endlich klang zwischen den Bäumen hindurch das Lachen der Gesellschaft.

Theodor Storm

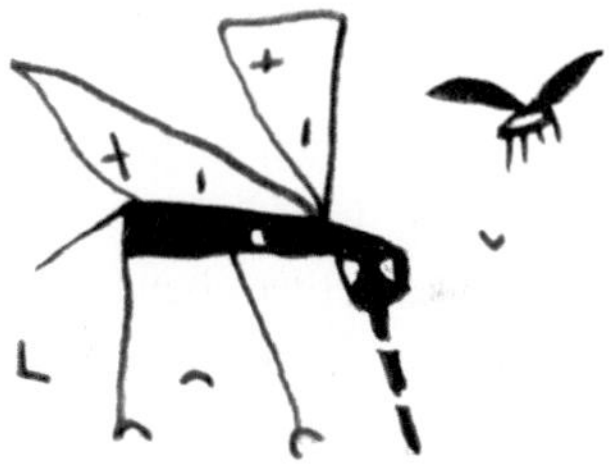

Aufgaben

2. Arbeiten Sie Gemeinsamkeiten und Unterschiede in Bezug auf die Figuren und die Figurenkonstellation heraus. Gehen Sie dabei auch auf die Kommunikation zwischen den Figuren ein.

3. Untersuchen Sie die Naturbeschreibungen in beiden Textauszügen. Welche Hinweise auf die Entwicklung der jeweiligen Beziehung können Sie erkennen? Belegen Sie Ihre Antwort mit Textstellen.

Fortsetzung auf Seite 32

Aufgaben

4. Informieren Sie sich über die gesellschaftlichen Umstände um 1850.
War es Ihrer Ansicht nach früher einfacher oder schwieriger als heute, einen Partner zu finden? Begründen Sie Ihre Antwort auch mit Hilfe der Texte.

5. Lesen Sie die Kritik zu „Kannst du" und anschließend den Auszug aus einem Interview mit Benjamin Lebert. Diskutieren Sie, inwiefern seine direkte und „kunstlose" Darstellung auch als bewusste und inhaltlich sinnvolle Entscheidung gewertet werden kann.

Kritik

Zu allem Überfluss entpuppt sich Tanja auch noch ziemlich schnell als hysterische Ziege, die nicht nur dem Protagonisten, sondern auch dem Leser gehörig mit ihren Eskapaden auf die Nerven geht. Noch unerträglicher ist nur noch die Vorhersehbarkeit der Handlungsstränge und die Scheuklappen der bindungsgestörten Romanfigur, die vollkommen blind die offensichtlichen Annäherungsversuche Tanjas von sich stößt. Leider ist das Buch nicht gerade mit Subtilität gesegnet, was dazu führt, dass sich ein vorhersehbares Ereignis an das nächste reiht.
Fazit: Der Versuch des Autors, die dünne Story durch die sexuellen Eskapaden seiner beiden Protagonisten wieder wettzumachen, scheitert. Eine Weiterentwicklung der Charaktere wäre an dieser Stelle wünschenswerter gewesen.

Katja Pagelow

Interview

Ein konkreter Vorwurf ist deine grobe Sprachwahl, wenn es um die Schilderung sexuellen Lebens geht.
Sexualität spielt eine unglaublich große Rolle in meinem Leben, das ist einfach nicht wegzureden, das kann ich und will ich nicht. Für mich ist der Akt an sich nichts, was nur in Schönschrift geschrieben ist, sondern etwas, bei dem zumindest bei mir auch schmutzige Worte in mir hochkommen. Sex ist nicht sachte – wenn ich es sachte ausformulieren würde, dann müsste ich lügen.
Kennst du die Angst von Schülern, vor lauter Sex keine Liebe mehr abzubekommen?
Es war schon immer so, das Sexualität und Liebe einerseits in sich verwoben sind und sich andererseits aber auch bekämpfen. Allerdings glaube ich nicht, dass die Ängste so einseitig sind, denn genauso wie manchmal die Liebe auf der Strecke bleibt, ist es manchmal die Sexualität, was beides aber furchtbar sein kann. Ich versuche für mich einfach so wahrhaftig wie möglich zu sein.
Wahrheit ist für mich, dass immer mehr Schüler sehr traurig sind. Ich kann den Vorwurf von der Spaßgesellschaft jedenfalls nicht mehr hören.
Genau das beobachte ich leider auch immer mehr. Ich habe das Gefühl, dass die Generation, die jetzt zwischen 15 und 18 ist, dass die insgeheim wahnsinnig, wahnsinnig traurig ist. Ich weiß nicht, ob es ein bestimmtes Themengebiet gibt, das all diese Traurigkeit sammeln kann, aber ich glaube, dass diese Generation kaum mehr etwas Eckiges, Kantiges findet, an dem sie sich festhalten kann. Alles ist so furchtbar glatt geschliffen und zum Wegrutschen und Zerrinnen.

6. Zusatzaufgabe: „Jeder Ort der Erde, egal welcher, ist auch immer ein Hafen für Verlorene." – Schnappschüsse halten Augenblicke für die Ewigkeit fest. Stöbern Sie in alten Urlaubsfotos nach einem Bild, das Sie mit Familie oder Freunden vor einem berühmten Bauwerk zeigt. Falls keines zur Hand ist, machen Sie einen Ausflug in die nächstgrößere Stadt und lassen Sie sich entsprechend fotografieren. Konzentrieren Sie sich nun aber nicht auf sich selbst bzw. die Person(en) im Fokus des Bildes, sondern auf die Figuren am Rand: Was treibt sie an diesen Ort? Warum halten Sie sich dort scheinbar zufällig auf? Verfassen Sie dazu eine Erzählung.

7. Überprüfen Sie Ihre Ergebnisse zu den Aufgaben 2, 3 und 4 mit Hilfe von Seite 33.

Fortsetzung auf Seite 33

Fortsetzung von Seite 32

Hinweise zu den Autoren

Benjamin Lebert wurde 1982 in Freiburg im Breisgau geboren und begann bereits mit zwölf Jahren zu schreiben. Großen Anteil daran hatte sein Vater, der als Journalist „Jetzt" begründete, die Jugendbeilage der Süddeutschen Zeitung, für die auch Benjamin einige Beiträge verfasst hat. Aufmerksamkeit erlangte er mit seinem autobiografischen Debütroman *Crazy* (1999), der in 33 Sprachen übersetzt und verfilmt wurde. Nach diesem Erfolg brach Lebert die Schule ab und gab Kurse an der New York University für Kreatives Schreiben. Seither sind *Der Vogel ist ein Rabe* (2003), *Kannst du* (2006) sowie *Der Flug der Pelikane* (2009) erschienen. Zwischenzeitlich hat er auch seinen Schulabschluss nachgeholt und lebt in Hamburg.

Theodor Storm (1817 bis 1888) gilt als bedeutender Lyriker und Novellist des poetischen Realismus. Nach seinem Jurastudium arbeitete er als Anwalt in seiner Geburtsstadt Husum; wegen seiner unversöhnlichen Haltung gegenüber Dänemark wurde ihm jedoch die Zulassung entzogen. Daraufhin nahm er 1853 eine zunächst unbezahlte Stellung am Kreisgericht Potsdam an; zeitgleich erschien seine bereits 1849 verfasste Novelle *Immensee*, die zu seinen Lebzeiten 30 Auflagen erreichte. Wegen beruflicher und finanzieller Schwierigkeiten kehrte er 1864 nach Husum zurück und wurde dort zum Landvogt, später zum Amtsgerichtsrat berufen. Kurz vor seinem Tod erschien die Novelle *Der Schimmelreiter*. Zeit seines Lebens unterhielt Storm regen Kontakt zu anderen Schriftstellern, u. a. zu Theodor Fontane und Gottfried Keller.

Hinweise zu den Aufgaben

Zu 2, 3 und 4: Benjamin Lebert diagnostiziert Sprachnot und Sprachlosigkeit als zeittypisches Krankheitsbild. Seine Protagonisten sind in ihren eigenen Welten gefangen und kämpfen gegen ihre Lebensangst. Noch in der skandinavischen Wildnis öffnen sich die Figuren nicht, sondern treiben ihr Spiel um Sein und Schein weiter. Folgt man Leberts Diagnose, hat sich im Vergleich zu Storms Novelle nicht viel geändert (was nebenbei bemerkt die Aktualität Storms herausstreicht). Allerdings geht die Sprachlosigkeit der stormschen Figuren auch auf gesellschaftliche Schranken und Normen zurück: Gefühle auszusprechen und elterlichen Entscheidungen vorzugreifen, war nicht opportun. Storm nutzt die Natur als Projektionsraum dessen, worüber die Figuren nicht sprechen können. In der missglückten Erdbeersuche sind bereits eindeutige Vorzeichen dafür zu erkennen, dass Reinhardt und Elisabeth nicht zusammenkommen werden. Auch Lebert bedient sich symbolgeladener Naturbeschreibungen, doch bleibt bei ihm das Ende offen, da sich positive und negative Signale die Waage halten.

Interessant ist in diesem Zusammenhang auch eine Untersuchung in Anlehnung an das Kommunikationsmodell Friedemann Schulz von Thuns: 1. Worüber informiere ich mit meiner Aussage? (Sachebene) 2. Was gebe ich dabei von mir selbst kund? (Selbstoffenbarung) 3. Was halte ich von meinem Gegenüber bzw. wie stehe ich zu ihm? (Beziehungsebene) 4. Wozu möchte ich ihn veranlassen? (Appell)

Über das Wetter reden

„Smalltalk!", denkt man zunächst – aber über das Wetter wird nicht nur geredet, wenn niemand mehr etwas Interessanteres einfällt. Zwar werden Wetterfloskeln auch in der Literatur bald zum Gegenstand der Parodie, aber gerade in älteren Texten grundiert das Wetter oft die Stimmung einer Szene. Besonders schlechtes Wetter ist dann – wie in den folgenden Texten – (vermeintlich) symbolisch aufgeladen.

Aufgabe

1. Lesen Sie die beiden Texte auf den Seiten 34 bis 37. Markieren Sie dabei Informationen und Aussagen zum Thema „Wetter".

In der Novelle „Zum wilden Mann" erzählt Wilhelm Raabe die Geschichte des Apothekers Philipp Kristeller und seines merkwürdigen Freundes, der vor 30 Jahren zunächst plötzlich aus seinem Leben verschwindet, ihm aber eine Summe Geld hinterlässt, die Kristeller dazu verhilft, eine Apotheke zu kaufen und eine bürgerliche Ehe anzustreben (seine Verlobte Johanne stirbt jedoch noch vor der Hochzeit). Im Verlauf der Erzählung erscheint dieser seltsame Freund dann als Oberst Dom Agostin Agonista und berichtet über sein wildes Leben in Brasilien. Am Ende entwendet er das gesamte Vermögen Kristellers und ruiniert damit die Existenz des alten Apothekers.
Am Anfang der Novelle treibt ein gewittriger Regenguss den Erzähler und den Leser in die Dorfapotheke „Zum wilden Mann":

Sie machten weit und breit ihre Bemerkungen über das Wetter, und es war wirklich ein Wetter, über das jedermann seine Bemerkungen laut werden lassen durfte, ohne Schaden an seiner Reputation zu leiden. Es war ein dem Anscheine nach dem Menschen außergewöhnlich unfreundlicher Tag gegen das Ende des Oktober, der eben in den Abend oder vielmehr die Nacht überging. Weiter hinauf im Gebirge war schon am Morgen ein gewaltiger Wolkenbruch niedergegangen, und die Vorberge hatten ebenfalls ihr Teil bekommen, wenn auch nicht ganz so arg als Volk, Vieh, Wald, Fels, Berg und Tal weiter oben. Sie waren unter den Vorbergen nordwärts vollkommen zufrieden mit dem, was sie erhalten hatten, und hätten gern auf alles Weitere verzichtet, allein das Weitere und Übrige kam, und sie hatten es hinzunehmen, wie es kam. Ihre Anmerkungen durften sie freilich darüber machen; niemand hinderte sie.

Es regnete stoßweise in die nahende Dunkelheit hinein, und stoßweise durchgellte ein scharfer, beißender Nordwind, ein geborener Isländer oder gar Spitzbergener, aus der norddeutschen Tiefebene her die Lüfte, die Schlöte und die Ohren und ärgerte sich sehr an dem Gebirge, das er, wie es schien, ganz gegen seine Vermutung auf seinem Wege nach Süden gefunden hatte. Er war aber mit der Nase daraufgestoßen oder vielleicht auch daraufgestoßen worden und heulte gleich einem bösen Buben, der gleichfalls mit dem erwähnten Glied auf irgendetwas aufmerksam gemacht und hingewiesen wurde. Ohne alle Umschreibung: Der Herbstabend kam früh, war dunkel und recht stürmisch; – wer noch auf der Landstraße oder auf den durchweichten Wegen zwischen den nassen Feldern sich befand, beeilte sich, das Wirtshaus oder das Haus zu erreichen; und wir, das heißt der Erzähler und die Freunde, welche er aus dem deutschen Bund in den norddeutschen und aus diesem in das neue Reich mit sich hinübergenommen hat – wir beeilen uns ebenfalls, unter das schützende Dach dieser neuen Geschichte zu gelangen.

Der Abend wird gemeiniglich eher Nacht, als man für möglich hielt; so auch diesmal.

Es ist recht sehr Nacht geworden. Wieder und wieder fegt der Regen in Strömen von rechts nach links über die mit kahlen Obstbäumen eingefasste Straße. Wir halten, kurz atmend, die Hand über die Augen, uns nach einem Lichtschein in irgendeiner Richtung vor uns umsehend. Es müssen da langgestreckte, in ihrer Länge kaum zu berechnende Dörfer vor uns, dem Gebirge zu, liegen, und der geringste Lampenschimmer südwärts würde uns die tröstende Versicherung geben, dass wir uns einem dieser Dörfer näherten. Vergeblich!

Pferdehufe, Rädergeroll, Menschentritte hinter uns? Wer weiß?

Wir eilen weiter, und plötzlich haben wir das, was wir so sehnlich herbeiwünschen, zu unserer Linken dicht am Pfade. Da ist das Licht, welches durch eine Menschenhand angezündet wurde. Eine plötzliche Wendung des Weges um dunkles Gebüsch

Fortsetzung auf Seite 35

bringt es uns überraschend schnell vor die Augen, und wir stehen vor der Apotheke „Zum wilden Mann".

Ein zweistöckiges, dem Anscheine nach recht solides Haus mit einer Vortreppe liegt zur Seite der Straße vor uns, ringsum rauschende, triefende Bäume – gegenüber zur Rechten der Straße ein anderes Haus – weiterhin, durch schwächeren Lichterschein sich kennzeichnend, wieder andere Menschenwohnungen: der Anfang einer Dreiviertelstunde gegen die Berge sich hinziehenden Dorfgasse. Das Dorf besteht übrigens nur aus dieser einen Gasse; sie genügt aber dem, der sie zu durchwandern hat, vollkommen; und wer sie durchwanderte, steht gewöhnlich am Ausgange mehrere Augenblicke still, sieht sich um und vor allen Dingen zurück und äußert seine Meinung in einer je nach dem Charakter, Alter und Geschlecht verschiedenen Weise. Da wir den Ausgang oder Eingang jedoch aber erst erreichen, sind wir noch nicht hierzu verpflichtet. Wir suchen einfach, wie gesagt, vorerst unter Dach zu kommen und eilen rasch die sechs Stufen der Vortreppe hinauf; der Erzähler mit aufgespanntem Schirm von links, der Leser, gleichfalls mit aufgespanntem Schirm, von rechts. Schon hat der Erzähler die Tür hastig geöffnet und zieht sich den atemlosen Leser nach, und schon hat der Wind dem Erzähler den Türgriff wieder aus der Hand gerissen und hinter ihm und dem Leser die Tür zugeschlagen, dass das ganze Haus widerhallt: Wir sind darin, in dem Hause sowohl wie in der Geschichte vom *wilden Mann*!

Wilhelm Raabe

Wolf Haas' Roman „Das Wetter vor 15 Jahren" besteht aus einem Interview, das eine Literaturkritikerin einer deutschen Zeitung mit einem fiktiven Autor namens Wolf Haas über sein neues, ebenfalls fiktives Buch mit dem Titel „Das Wetter vor 15 Jahren" führt. Der fiktive Autor hat für dieses Buch die Geschichte des deutschen Ingenieurs Vittorio Kowalski recherchiert, der während eines Auftrittes bei „Wetten, dass ...?" Furore gemacht hat, weil er das Wetter in einem österreichischen Bergdorf für jeden Tag der vergangenen 15 Jahre minutiös beschreiben konnte. Vittorio Kowalski war als Kind jeden Sommer mit seinen Eltern in jenes Dorf auf Urlaub gefahren und hatte sich mit Anni Bonati, der Tochter des Chefs der örtlichen Bergrettung, angefreundet. Im letzten gemeinsamen Sommer kommt es zu einem tragischen Unfall: Die beiden 15-jährigen Jugendlichen werden auf einer Wanderung von einem schweren Gewitter überrascht. Es gelingt ihnen aber, sich in eine Hütte, in der Annis Vater geschmuggelte Güter aufbewahrt, zu retten. Weil sie nach der überstandenen Lebensgefahr erschöpft sind oder aber wegen des ersten sexuellen Kontakts, zu dem es wahrscheinlich in der Hütte kommt, überhören oder ignorieren sie die Klopfzeichen an der Hüttentür, die von Annis Vater stammen. Dieser kommt deshalb in dem Unwetter ums Leben. Die Familie Kowalski reist sofort ab und kehrt nie wieder an den Urlaubsort zurück. Vittorio beginnt daraufhin, aus Liebe zu Anni obsessiv die Wetterdaten jenes österreichischen Bergdorfes zu sammeln und auswendig zu lernen.
Der folgende Textauszug befasst sich mit dem Augenblick, in dem das Gewitter ausbricht.

Literaturbeilage Die Sekunde, bevor es dann runterkommt, beschreiben Sie ja fast als mystischen Moment.

Wolf Haas Na ja, es ist nicht alles, wo ein Licht am Himmel aufflammt, gleich ein mystischer Moment.

Literaturbeilage Sie beschreiben den Blitz aber nicht als den üblichen Blitzschlag, wie man ihn kennt, das kurze Aufzucken des Blitzlichtes eben. Sondern für mehrere Sekunden wird die ganze Hügelkette unter ihnen unnatürlich hell erleuchtet, und ein und derselbe Blitz scheint über mehrere Hügel zu wandern, ohne seine Leuchtkraft zu verlieren.

Wolf Haas Mystisch würde ich nicht unbedingt sagen. Aber angesichts der Sachen, die eben dann noch passiert sind –

Literaturbeilage Das Mystische kommt ja nicht nur von dem lang anhaltenden Blitzlicht. Sondern es liegt vor allem am ausbleibenden Donner.

Wolf Haas Ja. Die beiden beginnen wieder zu zählen. Noch bevor der Blitz überhaupt verloschen ist, zählen sie schon. Aber sie zählen ins Leere sozusagen.

Literaturbeilage Sie ziehen die Formulierung sogar iterativ über mehrere Sätze. Ich hatte den Eindruck, dass Sie mit dieser Satzkette diesen nie verlöschenden Blitz sozusagen syntaktisch abbilden oder nachbauen wollten.

Wolf Haas Wirklich? Welche Satzkette meinen Sie?

Literaturbeilage Na diese betont ungrammatische Stelle hier. Sie schreiben, dass „der Blitz den gan-

Fortsetzung auf Seite 36

zen immer noch nicht regnenden Nachthimmel taghell erleuchtete, aber der Donner. Soweit man schauen konnte, erstrahlte die Landschaft in diesem unnatürlich grellen Licht, aber der Donner.“

Wolf Haas Ja, okay.

Literaturbeilage „Wir gingen, wir liefen, wir schnauften, wir stolperten, wir eilten, wir hasteten, wir zitterten, wir rannten auf der anderen Seite der Stromautobahn noch steiler bergauf, aber der Donner.“

Wolf Haas Ich weiß schon, welche Stelle Sie meinen.

Literaturbeilage „Wir drehten unsere Köpfe nach dem nicht verlöschenden Blitz, der den ganzen Hügel und das ganze Tal und das ganze Gebirge und den ganzen Himmel in sein gewaltiges Hochspannungslicht tauchte, aber der Donner.“

Wolf Haas Aber der Donner kam nicht.

Literaturbeilage „Aber der Donner kam nicht.“ Und da machen Sie sogar noch einen Absatz, bevor Sie den Satz so beenden.

Wolf Haas Dass Sie das als Abbild des nicht verlöschenden Blitzes lesen, gefällt mir. Ich glaub aber eher nicht, dass ich daran gedacht habe. Ich kämpfe beim Schreiben immer mit anderen Dingen, also es sind vor allem sozusagen Gewichtsprobleme, weil mir das Flugzeug immer zu schwer wird, weil ich zu viel Informationsgepäck dabeihabe, Übergepäck. Und da schau ich, was kann ich noch als Handgepäck reinschwindeln oder wem kann ich was anhängen, ohne dass er mich für einen Terroristen hält, und so weiter.

Literaturbeilage Jetzt lasse ich mich mal nicht ablenken von Ihnen. Ich habe den Eindruck, dass Ihnen diese Lesart „mystischer Moment“ unangenehm ist.

Wolf Haas Nein, gar nicht. Vielleicht haben Sie auch Recht. Es ist ja auch wirklich gewaltig, wenn so eine ganze Landschaft sekundenlang in so einer irrsinnig hellen Lichtblase steht. Da kann man schon Gefühle kriegen sozusagen. Ich find's nur vielleicht etwas zu hochtrabend. Letzten Endes ist es nur ein Gewitter.

Literaturbeilage Es geht nicht nur um den Blitz, der die ganze Gebirgskette taghell erleuchtet. Und es ist auch nicht unbedingt nur der ausbleibende Donner, der das rationalisierende Zählen der beiden jungen Verliebten ins Leere laufen lässt.

Wolf Haas Für mich ist eigentlich schon der Donner, also der ausbleibende Donner, das Bedrohlichste.

Literaturbeilage Zusammen mit dem Donner bleibt aber sozusagen für einen Atemzug lang die ganze Welt aus. Ich hab mir diese Stelle hier angestrichen: „Es blitzte nicht. Es donnerte nicht. Es regnete nicht einmal! Es ging nicht einmal der Wind. Es war für eine Sekunde so ruhig, weil die Grillen nicht mehr zirpten und die Insekten nicht mehr schwirrten und die Regengüsse noch nicht rauschten. Es war so still, weil die Stromautobahn nicht mehr surrte.“

Wolf Haas Ja, das ist schon irre. Das mit der Stromautobahn, dass die nicht mehr gesurrt hat, ist natürlich ein Vorgriff. Die Stromautobahn hat logischerweise erst eine Sekunde später nicht mehr gesurrt. Da könnten jetzt diese Leute, die bei Filmen so leidenschaftlich nach Regiefehlern suchen, ihre Freude haben.

Literaturbeilage Das scheinen ja Ihre speziellen Freunde zu sein.

Wolf Haas Weil es ist ja logisch falsch! Es heißt nämlich auf derselben Seite, das Einzige, was man ganz leise hörte, waren die Wetterglocken, die man plötzlich vom Dorf herauf hörte.

Literaturbeilage Ja, die Wetterglocken. Die sind auch sehr wichtig für die Stimmung in diesem Moment. Und Sie schreiben wörtlich, „aus unendlicher Ferne“ hört man die Wetterglocken. Das klingt fast so, als würde das Glockenläuten vom Himmel kommen.

Wolf Haas Es kommt aber von der Dorfkirche herauf. Und wenn die Stromautobahn wirklich jetzt schon nicht mehr surren würde, könnten ja auch die Glocken nicht mehr läuten. Die werden ja auch elektrisch angetrieben.

Literaturbeilage Also ne. Das ist doch für den Leser völlig nebensächlich an dieser Stelle, alles hört auf, alles verstummt, die Landschaft steht in einem Lichtkegel, als würde gerade ein Ufo landen – ob da jetzt die Stromautobahn auch noch genau in dem Moment verstummt oder erst eine Sekunde später, das ist doch völlig egal.

Wolf Haas Egal ist es nicht.

Literaturbeilage Ich meine, so streng logisch liest doch kein Mensch. Ob da jetzt die unendlich weit entfernten Kirchenglocken läuten dürfen, wenn doch die Stromautobahn nicht mehr surrt. Vielleicht werden die Kirchenglocken ja von einer anderen Stromautobahn versorgt.

Wolf Haas Ja, von der Gegenfahrbahn.

Literaturbeilage Oder der Küster hat händisch geläutet.

Fortsetzung von Seite 36

Wolf Haas Das gibt's nur mehr im Wilden Westen.

Literaturbeilage Oder die schweren Glocken schwingen noch ein paarmal nach, obwohl der Strom schon aus ist. Oder der langsame Schall ist eben schon ein paar Sekunden unterwegs! Der kriecht da eben erst gemächlich den Berg rauf mit seinen 340 Metern pro Minute oder wie viel das sind.

Wolf Haas Ja, pro Sekunde.

Literaturbeilage Wenn Sie schon so strenge Maßstäbe anlegen, dann ist doch das mit der Luft wesentlich unglaubwürdiger.

Wolf Haas Was ist mit der Luft?

Literaturbeilage Sie schreiben, alles ist weg. Kein Donner mehr. Kein Wind mehr. Kein Regen. Kein Insektensurren. Und das Ganze gipfelt doch darin, dass die Luft zum Atmen weg ist.

Wolf Haas Ja. Die Luft ist weg.

Literaturbeilage Sie schreiben das aber nicht irgendwie metaphorisch oder so. Sondern das wird ganz real behauptet. Die Luft ist weg. Natürlich gibt es dahinter auch eine Ebene, wo man vielleicht an das Asthma seiner Mutter denkt.

Wolf Haas Nein, das Asthma war ja nur eingebildet. Vorgetäuscht eigentlich.

Literaturbeilage Dagegen wird hier der realistische Anspruch sogar noch betont durch diese pseudowissenschaftliche Assoziation, wenn Sie wörtlich schreiben: „Die Alpenluft, die wir gerade noch in unserer Atemlosigkeit gierig eingesaugt hatten, die gesunde, rote Blutkörperchen erzeugende Höhenluft, mit der wir unsere Sauerstoffschuld begleichen wollten, die ganze gute Luft hatte sich einfach zusammengeballt und entfernt."

Wolf Haas Was glauben Sie, wie sich das anfühlt, wenn so ein Gewitter fünf Sekunden überspringt! Gerade war es noch zwei Kilometer entfernt, und auf einmal.

Literaturbeilage Man nimmt es natürlich insofern doch auch als hyperbolische Darstellung wahr –

Wolf Haas Nicht hyperbolisch!

Literaturbeilage Lassen Sie mich das mal kurz sagen. Man liest es natürlich auch – Sie unterbrechen mich immer gerade dann, wenn ich Ihnen ein Kompliment machen will. Ich finde das ja wunderbar, wie sich diese Parallele zu der Anfangssequenz mit der Luftmatratze ergibt.

Wolf Haas Jetzt hab ich auch einen mystischen Moment. Oder zumindest ein Blackout. Einen Stromausfall. Ich weiß nämlich ehrlich nicht, was Sie meinen.

Literaturbeilage Na, wie die Luftmatratze bei der Anreise die Luft aus dem Autoinneren saugt.

Wolf Haas Ach so. Aber da sind hundert Seiten dazwischen. Obwohl – das ist eigentlich super, was Sie da sagen! Vorne saugt die Luftmatratze die Luft aus dem Autoinneren, und jetzt saugt das Wetter die Luft aus der Landschaft.

Literaturbeilage Also ich bin jetzt nicht sicher, ob Sie mich verarschen oder was.

Wolf Haas

Aufgaben

2. Beschreiben Sie die Bedeutung des Wetters in den beiden Textauszügen. Was symbolisiert der Sturm bei Raabe? Wie verwendet Haas das Wettermotiv?

3. Notieren Sie, was Sie nach und nach – also im Verlauf des Textes – über die Erzählerfigur bei Raabe erfahren.

4. Auf wie vielen Erzählebenen spielt der Text von Wolf Haas Ihrer Ansicht nach? Begründen Sie Ihre Einschätzung.

5. Erläutern Sie, inwiefern man bei beiden Texten von einem „selbstreferenziellen Erzählen" bzw. einem „Spiel mit dem Leser" sprechen kann.

6. Erfinden Sie ein Interview mit Wilhelm Raabe über den Anfang seiner Novelle.

7. Rekonstruieren und schreiben Sie die gesamte fiktive Romanstelle, über die die Kritikerin und Wolf Haas sprechen.

8. Überprüfen Sie Ihre Ergebnisse zu den Aufgaben 2, 3, 4 und 5 mit Hilfe von Seite 38.

Fortsetzung auf Seite 38

Fortsetzung von Seite 37

Hinweise zu den Autoren

Wilhelm Raabe wurde am 8. September 1831 in Eschershausen bei Braunschweig geboren. Er war von 1849 bis 1853 Buchhändler, studierte ab 1855 in Berlin und wohnte dann als Schriftsteller in Wolfenbüttel, Stuttgart und seit 1870 in Braunschweig. Raabe starb am 15.11.1910 in Braunschweig. Das umfangreiche erzählerische Werk dieses bedeutenden realistischen Autors geriet lange fast in Vergessenheit, weil die eigenwillige Sprache und der auf den ersten Blick oft als langatmig empfundene Erzählstil hohe Anforderungen an die Aufmerksamkeit des Lesers stellen. Hauptwerke sind *Die Chronik der Sperlingsgasse* (1857), *Der Hungerpastor* (1864), *Abu Telfan oder die Heimkehr vom Mondgebirge* (1868), *Der Schüdderump* (1870), *Pfisters Mühle* (1884), *Stopfkuchen* (1891) und *Die Akten des Vogelsangs* (1896).

Der österreichische Schriftsteller Wolf Haas wurde 1960 in Maria Alm am Steinernen Meer geboren und lebt in Wien. Er wurde besonders mit seinen Kriminalromanen um den Privatdetektiv Brenner bekannt, für die er zahlreiche Preise erhielt und die in mehrere Sprachen übersetzt und verfilmt wurden. Der Roman *Das Wetter vor 15 Jahren* wurde mit dem Wilhelm-Raabe-Literaturpreis ausgezeichnet.

Hinweise zu den Aufgaben

Zu 2: In Raabes Novelle symbolisiert der Sturm, vor dem der Erzähler und der Leser Schutz in der Apotheke suchen und vorerst auch finden, die Bedrohung durch das Wilde und Fremde der Außenwelt. Es wird von Anfang an eine Raumopposition zwischen der unheimlichen und bedrohlichen äußeren Welt und dem geschützten bürgerlichen Innenraum der Apotheke aufgebaut. Die Türschwelle zur Apotheke stellt die Grenze zwischen den beiden Räumen dar. Im weiteren Verlauf der Novelle erweist sich allerdings der Schutzraum als trügerisch: Das Fremde und Wilde, personifiziert in der Figur des Agonista, zerstören die Behaglichkeit des Innenraums und Kristeller bleibt in der ihm selbst fremd gewordenen Apotheke zurück.

Im Roman von Wolf Haas wird mit der Natur- und Wettersymbolik des traditionellen Erzählens ironisch gespielt. Die Kritikerin verweist ständig auf die Bedeutung des Wetters, analysiert und interpretiert es, während der Autor die symbolische Aufladung ablehnt: „Letzten Endes ist es nur ein Gewitter."

Zu 3, 4 und 5: Beide Texte verdeutlichen durch explizites Thematisieren sowohl der Erzählerfiguren als auch des Erzählvorgangs den Illusionscharakter fiktiven Erzählens. Damit wird der jedem literarischen Text zu Grunde liegende Pakt zwischen dem Autor und dem Leser, die dargestellte Welt zugleich als fiktiv und wirklich zu begreifen, spielerisch ins Bewusstsein gehoben und gleichzeitig – zumindest partiell – aufgekündigt.

In Raabes Text wird mit dem ersten Satz eine zunächst unbestimmte Erzählinstanz eingeführt, die Bemerkungen über das unfreundliche Wetter macht. Später wird diese Erzählinstanz als „wir", das sind der Erzähler und seine Freunde, eingeführt, welche sich „beeilen [...], unter das schützende Dach dieser neuen Geschichte zu gelangen". Es stellt sich heraus, dass einer dieser Freunde der Leser der Novelle ist, der vom Erzähler in die Apotheke und in die Geschichte hineingestoßen wird.

Der Roman von Haas spielt auf (mindestens) drei Erzählebenen: In einem fiktiven Interview zwischen einer fiktiven Journalistin und einem ebenfalls fiktiven Autor namens Wolf Haas (Ebene 1) werden fiktive Ereignisse rund um den Protagonisten Vittorio Kowalski rekonstruiert und besprochen (Ebene 2), die vom fiktiven Autor Haas in einen fiktiven Roman umgearbeitet werden, in dem der Protagonist Kowalski gleichzeitig als Ich-Erzähler fungiert (Ebene 3). Dieser fiktive Roman wird im Interview heftig diskutiert, wobei teilweise auch wörtlich aus ihm zitiert wird. Durch diese hochartifizielle Verschachtelung sich gegenseitig ergänzender, aber auch relativierender und teilweise aufhebender Erzählebenen wird der Anschein eines „realistischen" Geschehens gleichzeitig erweckt und nachhaltig ironisiert und destruiert. Dem Leser kommt im vielstimmigen Gerede der Figuren auf allen Erzählebenen die Differenz zwischen Fiktion und Wirklichkeit schließlich völlig abhanden. Die einzige greifbare Realität ist das Medium, die Sprache, doch auch ihr ist nicht zu trauen.

Scheitternde Helden

Gescheiterte und scheiternde Helden bevölkern die Literatur. Es gibt zahlreiche berühmte Beispiele: Büchners Lenz oder Döblins Franz Biberkopf, um nur zwei zu nennen. Ein Sonderfall dieser Figur entwickelt sich mit dem einsetzenden Kapitalismus: der Bankrotteur, der unglückliche Spekulant und Geschäftemacher, dessen ökonomische Träume platzen.

Aufgabe

1. Lesen Sie den Textauszug aus Dieter Wellershoffs Roman „Der Sieger nimmt alles“ und markieren Sie dabei wichtige Aussagen zur Hauptfigur.

In der Geschichte des Unternehmers Ulrich Vogtmann spiegelt sich exemplarisch die wirtschaftliche und gesellschaftliche Entwicklung der Bundesrepublik Deutschland von den Nachkriegsjahren bis hin zur Wirtschaftskrise in den späten Siebzigern. Vogtmann, der es durch die Heirat mit der Tochter seines ehemaligen Chefs vom Fließbandarbeiter zum Unternehmensleiter bringt, ist fasziniert vom Allmachtstraum des wirtschaftlichen Erfolgs. Geld, das universelle Tauschmittel, das alle Menschen und Maschinen in Bewegung setzt, erscheint ihm als Möglichkeit zur totalen Wunscherfüllung in allen Lebensbereichen. Aber indem er den Verlockungen des Geldes rücksichtslos nachjagt, zerstört er seine Ehe, seine Freundschaften und zunehmend auch sich selbst. Noch nicht einmal seine geschäftlichen Pläne gehen auf, sondern entgleiten ihm durch Betrügereien und immer undurchschaubarere Abhängigkeiten. Am Ende isoliert sich Vogtmann immer mehr und stirbt vereinsamt an einem Herzinfarkt.

Vogtmann stand am Fenster, um Luft zu holen und eine aufsteigende Übelkeit zu überwinden. Er hatte viel zu viel und zu schwer gegessen in einer plötzlichen gefräßigen Gier, als müsse er eine unstillbare Leere füllen, eine trostlose Schwärze in sich, die ihn bedroht hatte, als er in dem vollen Speisesaal des Hotels allein an einem kleinen Seitentisch saß und zugesehen hatte, wie die Geschäftsleute an den anderen Tischen den Abschluss der Messe feierten, lauter angeregte, zufriedene Gesichter, die sich einander zuneigten, nickten, lachten, meistens Männer seines Alters, aber auch hübsche, erfolgsgewohnte Frauen darunter, wie er sie an einigen Messeständen gesehen hatte. Jetzt am Abend hatten sie sich umgezogen, kamen zum Teil in langen Kleidern, frisch frisiert und mit Schmuck behangen, begleitet von einem dieser smarten, sportlichen Männer, von denen man nicht sagen konnte, ob sie Geschäftsleute oder siegreiche Regattasegler waren. Alle Müdigkeit und Erschöpfung, die er am Nachmittag in vielen Gesichtern gesehen hatte, war von ihnen abgefallen. Sie strahlten, lächelten, bewegten sich locker und selbstbewusst. Die Neuankömmlinge wurden mit Hallo und Umarmungen begrüßt und in die großen Runden der von Kellnern umschwirrten festlichen Tische aufgenommen, und überall wurden Gläser gehoben, um auf die Messe, die neuen Abschlüsse oder irgendeinen anderen Grund der allgemeinen Heiterkeit anzustoßen, und da war diese schreckliche Gier über ihn gekommen, in der er ein fünfgängiges, viel zu teures Essen heruntergeschlungen hatte, das ihm jetzt das Gefühl gab, er müsse sich erbrechen, und sein Herz so mühsam und viel zu schnell schlagen ließ.

Aber dann war doch noch etwas Gutes passiert, etwas, das ihm neue Hoffnung gab. Als er beim Pförtner seinen Zimmerschlüssel abholte, war ihm ein kleiner Zettel mit der Nachricht übergeben worden, ein Herr Wollweber habe angerufen und wolle morgen um zehn zum Frühstück ins Hotel kommen. Das konnte bedeuten, dass er gerettet war. Er war jedenfalls nicht verraten und enttäuscht worden. Heinz Wollweber hatte bloß verständlicherweise keine Zeit gefunden, sich mit ihm zu treffen, holte das nun nach und würde ihm bestimmt einen Vorschlag machen. Es war sicher, dass er nicht mit leeren Händen kam.

Das Feuerwerk über dem See schien zu Ende zu sein. Aber unten im Hotel wurde gefeiert. In der Bar sollte getanzt werden. Undeutlich konnte er manchmal die Musik hören. Sie war ein Teil der verdeckten Unruhe, die in dem Hotel rumorte. Noch immer war ihm übel. Vielleicht wurde es besser, wenn er sich hinlegte. Warum war er so idiotisch gewesen, sich so vollzufressen? Jetzt stand ihm eine schlechte Nacht bevor, und morgen beim Frühstück, wenn er Heinz Wollweber gegenübersaß, würde er krank aussehen und wie schon voriges Mal einen miserablen Eindruck machen.

Fortsetzung auf Seite 40

Fortsetzung von Seite 39

Nein, dachte er, ich mache mich nur selbst fertig. Man durfte sich nicht mit niederziehenden Gedanken behängen. Er zog Jackett und Schuhe aus und mit schlafwandlerischen Handbewegungen auch noch Hemd und Hose. Plötzlich war er so erschöpft, dass er nicht mehr ins Badezimmer gehen konnte und zitternd unter die Decke kroch. Er atmete schwer. Die Dunkelheit des Zimmers lag wie ein riesiges Gewicht auf seiner Brust. Morgen muss ich fit sein, flüsterte er, muss fit sein, als könne die Dunkelheit, die auf ihn drückte, eine Einsicht haben. Wurde es noch nicht besser? Musste es nicht bald besser werden? Er spürte, wie sein Herz kämpfte und die Angst in ihm zunahm. Wie beschämend und würdelos war das, hier zu liegen und zu japsen und Angst zu haben vor der Nacht, die ihm entmutigend lang erschien, weil schon jede Minute sich endlos dehnte und er nicht wusste, wie er seinem Herzen Erleichterung verschaffen konnte. Sein Magen hatte sich aufgebläht, und Arm und Schultern waren taub. Aber sein Herz schmerzte nicht, fühlte sich nur wund an.

Das soll mir eine Lehre sein, dachte er, doch wenn ich jetzt kotze, wird es gleich besser werden. Jetzt. Schon der Gedanke rief die Übelkeit hervor. Unter Schweißausbrüchen kämpfte er sich aus dem Bett, hörte, wie die Lampe vom Nachttisch fiel. Wo war er? Er sah nichts. War das der Türbalken? Ich muss es schaffen, dachte er verzweifelt, darf nicht alles vollkotzen. Ein nie zuvor geahnter Schmerz presste sein Herz zusammen. Es war das ruckartige Anziehen eines Schraubstocks, das Atem und Herzschlag unterbrach und ihn auf die Knie zwang. Er erbrach sich, rutschte darin herum. Ich will nicht sterben, dachte er, ich muss um Hilfe rufen. Jetzt lag er auf seinem Gesicht. Ich will nicht sterben! Ich habe Angst! Der Schmerz, der seinen ganzen Körper krümmte, schien nachzulassen und ließ es zu, dass er sein beschmiertes Gesicht wegdrehte und ein wenig vom Boden hob. Sofort kam der Schmerz wieder und zeigte ihm, was er konnte. Der Schraubstock drehte sich und ließ ihn aufjaulen mit dem Gesicht auf dem Boden, drehte sich und krampfte seine Finger zu Fäusten und drehte sich und presste ihm das Leben aus. Und als sei das die Rettung, die er ergreifen musste, willigte er ein.

Dieter Wellershoff

Aufgaben

2. Beschreiben Sie Ulrich Vogtmann kurz vor seinem Tod: Welche seiner Wahrnehmungen und Handlungen werfen ein bezeichnendes Licht auf seine Situation?

3. Beurteilen Sie das Auftreten der anderen Geschäftsleute. Wie wollen sie wirken? Ist ihr Auftreten glaubwürdig? Belegen Sie Ihre Meinung mit Hilfe des Textes.

Fortsetzung auf Seite 41

Scheiternde Helden

Aufgaben

4. In seinen Frankfurter Poetikvorlesungen „Das Schimmern der Schlangenhaut" kommt Wellershoff auf seine scheiternden Helden und auch speziell auf die Figur des Vogtmann zu sprechen. Was möchte er nach eigener Aussage anhand dieser Figur zeigen?

Wenn ich mir die Lebensdesaster meiner literarischen Figuren ansehe – die Selbstmörder, Mörder, Leute, die beruflich scheitern, Projektemacher, die in die Falle ihrer eigenen Fantasien gehen, andere, die stecken bleiben in einem falschen Leben – dann ist allerdings die These, es handele sich um ausfabulierte eigene Möglichkeiten, nicht ausreichend. Es scheint darin auch ein starkes Bedürfnis nach Unterscheidung und Abstand wirksam zu sein. Mindestens gleich stark wie das identifikatorische Erkennen – auch das bist du, auch das könntest du sein – ist die dagegen gerichtete Kraft der Unterscheidung, die die Gewissheit verstärkt: Ich bin es nicht. Ich denke anders, ich verhalte mich anders. Oder um es auf die fundamentale Formel der Unterscheidung zu bringen: Ich bin es nicht, der gestorben ist.

Leiden, irren, sterben denn die fiktionalen Figuren an Stelle von einem selbst? Ja, davon bin ich überzeugt. Und das ist der elementare Lustgewinn von Literatur. Der Schriftsteller ist der Zeremonienmeister eines symbolischen Menschenopfers, und die Leser bilden die Gemeinde, die das Ritual mitvollzieht, in dem die fiktionalen Figuren als Sündenböcke geopfert oder von Fall zu Fall begnadigt werden. Es ist ein sublimiertes Ritual der Unglücks- und Todesabwehr durch stellvertretende Opfer, denn es handelt sich ja nicht um wirkliche Menschen aus Fleisch und Blut, sondern um Figuren in simulierten Situationen, die uns allerdings im Vollzug des literarischen Lebensspiels so nah wie nur eben möglich kommen, sodass wir sie als unsere Vertreter erkennen. Auch das bist du. Doch du bist es nicht. Diese beiden gegensätzlichen Lesarten überlagern sich und bilden ein Umspringbild, das den Leser in einer unaufhörlichen Spannung festhält und in das Geschehen hineinzieht. Gespanntsein heißt nämlich hin- und hergerissen werden zwischen Teilhabe und Distanz, Verstehen und Befremden, Gefesseltsein und Sich-Lösen, ohne je ganz loszukommen, bis das Ende des Textes einen entlässt oder, wenn es ein offener, mehrdeutiger Schluss ist, auch dann noch eine Weile festhalten kann. [...]

Das alles hatte ich dargestellt: Einerseits Menschen, die möglichkeitsblind sind und ihr langsames seelisches Sterben im Gleichmaß eines ungeliebten Lebens in mürrischer Geduld wie eine tägliche Selbstbestrafung ertragen, zum Beispiel die Lehrerin Carla in meinem ersten Roman *Ein schöner Tag*. Oder andere, die mit aller Kraft ihr Leben ändern wollen, dem Phantom eines alles wendenden Erfolges hinterherjagen und, getrieben von ihrem Wunschtraum, unüberschaubare Risiken eingehen und sich zu Grunde richten, so Ulrich Vogtmann, der soziale Außenseiter und Aufsteiger, der in die Falle seiner Fantasie geht in dem Roman *Der Sieger nimmt alles*. [...]

Das sind nur einige wenige Beispiele aus der Gespensterparade der Personen, die ich auf den Weg brachte, um an ihnen die Unglücksmöglichkeiten des falschen und scheiternden Lebens darzustellen, die ich in radikaler Überbietung eigener innerer Spannungen und Ungewissheiten von mir wegschob, indem ich sie literarisch ausfabulierte und durcharbeitete.

Dieter Wellershoff

5. Wellershoff verallgemeinert in seiner Poetikvorlesung das Beispiel des Ulrich Vogtmann und trifft eine grundsätzliche Aussage zur Funktion „scheiternder Helden" in der Literatur. Fassen Sie seine These mit eigenen Worten zusammen und nehmen Sie zu ihr Stellung.

6. Schreiben Sie einen kurzen Text, der schildert, wie Vogtmann von einem der anderen Gäste in dem Hotelrestaurant wahrgenommen wird.

7. Überprüfen Sie Ihre Ergebnisse zu den Aufgaben 2 bis 6 mit Hilfe von Seite 42.

Hinweise zum Autor

Dieter Wellershoff, geboren am 3. November 1925 in Neuss, ist einer der bedeutendsten Schriftsteller und Essayisten der deutschen Nachkriegsliteratur. Seit 1981 lebt er als freier Schriftsteller in Köln. Wellershoff nahm ab 1960 an Tagungen der Gruppe 47 teil und rief Anfang der sechziger Jahre die „Kölner Schule" ins Leben, die durch die exakte Beschreibung gesellschaftlicher Wirklichkeit einen neuen Realismus begründen wollte. In seinen Werken versucht Dieter Wellershoff sein realistisches Programm konsequent umzusetzen und thematisiert immer wieder den Untergang und die Zerstörung von Individuen durch gesellschaftliche Zwänge. Darüber hinaus hat er, auch im Rahmen seiner Tätigkeit als Dozent an mehreren Universitäten, immer wieder literaturtheoretische und literaturkritische Werke veröffentlicht. Aus der langen Reihe seiner Publikationen, zu denen auch Hörspiele, Filmdrehbücher, Essaysammlungen und Theaterstücke gehören, seien hier nur die wichtigsten Romane genannt: *Ein schöner Tag* (1966), *Der Sieger nimmt alles* (1983), *Der Liebeswunsch* (2000), *Der Himmel ist kein Ort* (2009).

Hinweise zu den Aufgaben

Zu 2 und 3: Vogtmann befindet sich in einem Hotelrestaurant und nimmt die anderen Gäste in bezeichnender Weise wahr. Er sieht sie so, wie er sich die eigene Situation erträumt: erfolgreiche, attraktive Geschäftsleute, Männer wie Frauen, die sich zur Feier ihrer wirtschaftlichen Siege versammelt haben. Allerdings ist diese Wahrnehmung eine subjektive Projektion Vogtmanns, denn auch die anderen Gäste, die noch vor wenigen Stunden müde und ausgebrannt waren, inszenieren sich nur als Erfolgsmenschen. Vogtmann aber sieht sie vor dem Hintergrund der „unstillbaren Leere" und „trostlosen Schwärze" in sich und reagiert mit der „gefräßigen Gier", die seinen Herzinfarkt herbeiführt.

Zu 4: Auch wenn man bei der Interpretation literarischer Texte mit der „Autorenintention" vorsichtig sein muss, ist sie hier dank der expliziten Aussagen in der Poetikvorlesung offensichtlich: Der Autor möchte zeigen, wie ein Leben scheitert, das allein dem Fetisch des Geldes und der Geldvermehrung unterworfen wird. Die Sucht nach ökonomischem Erfolg um jeden Preis zerstört (wie man mit Blick auf das ganze Buch sagen kann) alle anderen menschlichen Werte und letztlich auch das eigene Selbst. Vogtmann, der im „Wirtschaftswunder" aufgestiegene soziale Außenseiter, soll der wirtschaftlich prosperierenden, aber aus der Sicht des Autors politisch und kulturell verarmenden BRD den Spiegel vorhalten.

Zu 5: Wellershoff sieht die literarische Inszenierung des scheiternden „Helden" als symbolisches „Opferritual", das den Leser gleichzeitig fesselt und psychologisch entlastet. Im Scheitern der literarischen Figur wird eine Lebensmöglichkeit zum Ausdruck gebracht, von der sich der Leser im spielerischen Nachvollzug distanzieren kann: Das Scheitern des Helden kann in einen Sieg des Lesers umgemünzt werden. So kann z. B. das Scheitern Vogtmanns zu einer Reflexion des Lesers über den Stellenwert des ökonomischem Erfolgs und ggf. zu alternativen Lebensentscheidungen führen. Wellershoff steht damit insgesamt in der Tradition einer realistisch-aufklärerischen und gesellschaftlich engagierten Literatur.

Zu 6: Diese Aufforderung zur literarischen Gestaltung eines Perspektivenwechsels sollte zu tieferen Einsichten in die Figur des Vogtmann und die Nebenfiguren führen.

Gebrochener Realismus I: Vor- und Verstellungen

Aufgaben

1. Was verstehen Sie unter realistischem Erzählen? Notieren Sie Stichworte.
2. Lesen Sie die beiden Texte auf den Seiten 43 bis 46 im Hinblick auf Ihr Verständnis von Realismus.

Zu Beginn von Daniel Kehlmanns Roman „Beerholms Vorstellung" (1997) will der 29-jährige Protagonist Arthur Beerholm seinem Leben ein Ende setzen, indem er von der Terrasse eines Fernsehturms springt. Zuvor jedoch hat er eben auf jener Terrasse seine Lebensgeschichte niedergeschrieben: Nach der Geburt zur Adoption freigegeben, gelangt er zu wohlhabenden Eltern, wird von diesen allerdings im Alter von zehn Jahren auf ein Schweizer Internat geschickt. Dort bringt er sich Kartentricks bei und scheint als Zauberer seine Berufung gefunden zu haben, der Erfolg – der Durchbruch zur ganz großen Magie – bleibt ihm jedoch versagt. Als er das mathematische Problem der Unendlichkeit entdeckt, wendet er sich der Theologie zu und erwägt sogar, in ein Kloster einzutreten.

Es war still. Ich hörte nur Jeans Atemzüge am anderen Ende des Zimmers. Über mir an der Decke hing ein länglicher Streifen Mondlicht, ein Bücherbord ragte als dunkles Viereck in den Raum. Ich schloss wieder die Augen, aber die Nervosität war noch immer da, lästig und stechend. Ich versuchte, an etwas Gleichgültiges zu denken: Schafe – nein, besser Kühe – auf einer Wiese. Es half nicht, und ich wechselte zu Vögeln am Himmel; aber nach ein paar Flugkurven verwandelten sie sich in Hubschrauber, dann in große, glitzernde Käfer. Schließlich probierte ich es mit dem Meer, aber das hatte ich noch nie gesehen, und so kam dabei nicht viel mehr heraus als ein Becken mit farblosem Wasser.

Dann versuchte ich nachzudenken: Wo würde ich studieren? Es gab einige Möglichkeiten, und ich hatte mich noch nicht entschieden. Unter Umständen würde ich sogar in einen Orden eintreten; diese Idee hatte etwas Strenges, Soldatisches, das mir gefiel. Ich versuchte, mir ein Kloster vorzustellen: hohe Mauern, Kreuzgänge, ein alter Brunnen, ein Gemüsegarten. Das Gebäude, das meine Fantasie in aller Eile errichtete, war ein wenig unscharf und enthielt Versatzstücke aus der *École Internationale* und dem Haus Beerholms. Trotzdem, mir gefiel es. Und ich fühlte, wie ich schon ruhiger wurde und wie sich langsam, wie Wasser in einem überschwemmten Keller, in mir der Schlaf ausbreitete. Ich ging auf das Kloster zu, öffnete das große Portal – es ging ganz leicht – und trat ein. Ein verschatteter Steingang, eine alte Treppe mit ausgetretenen Stufen. Ich begann hinaufzusteigen. Noch ein Gang, Lichtstrahlen fallen schräg ein und durchschneiden den Raum in der Diagonalen; unwillkürlich zieht man den Kopf ein, um nicht anzustoßen. Ein paar Leute gehen an mir vorbei, aber ich mache mir nicht die Mühe, ihnen Körper und Gesicht zu geben. Ich achte auf meine Schritte, mit einiger Anstrengung gelingt es mir, ihr hallendes Geräusch zu hören, eigenartig in der Stille. Und dort ist eine Tür. Ich bleibe stehen und trete näher heran. Ach ja, hier werde ich hineingehen. Ein leeres Messingschild hängt in Augenhöhe – jetzt muss ein Name her. Etwas Originelles, vielleicht Lateinisches ...? Oder lieber etwas Einfaches: Weber, Schuster ... – nein, wenn schon ein Handwerkername, dann: Fassbinder. Sehr gut, das klingt einfach und zugleich irgendwie passend. Ich konzentriere mich auf das Schild, und dort, zuerst nur als grauer Schatten, dann immer deutlicher, tauchen Buchstaben auf: *Pater Fassbinder.* Jetzt kann ich wohl hinein. Ich klopfe. Nichts. Unsinn, es muss jemand da sein; ich will es so. Ich klopfe wieder. Und jetzt höre ich sie: eine Stimme, die etwas sagt. Wahrscheinlich „Herein!" Ich drücke auf die Klinke, die Tür springt auf. Ich trete ein.

Es war ein großes, praktisch eingerichtetes Arbeitszimmer. Büchergestelle, Stühle, ein Tisch mit einer mechanischen Schreibmaschine darauf. Dahinter saß ein Mann. Er musste etwas über fünfzig sein und war mittelgroß, dicklich, hatte graue Haare, eine scharfgezeichnete Nase, volle Wangen, breite Augenbrauen. Er trug einen schwarzen Anzug mit weißem Kragen, und an seinem Revers blitzte ein dünnes, silbernes Kreuz. Er saß mit gesenktem Kopf da; als ich hereinkam, sah er nicht auf. Ich blieb verwirrt stehen.

„Kommen Sie näher!", sagte er. „Setzen Sie sich!"

Unter meinen Füßen knarrte der Dielenboden; ich ging vorsichtig auf den kleinsten der leeren Stühle zu, setzte mich, stellte meine Aktentasche ab und wartete darauf, dass er mich ansah. Er tat es nicht. Irgendwo tickte eine Uhr.

Fortsetzung auf Seite 44

Fortsetzung von Seite 43

„Sind Sie gekommen“, fragte er plötzlich, „um ein bisschen dazusitzen und sich auszuruhen? Oder wollten Sie zu mir?“

„Zu … zu Ihnen“, stotterte ich, „Herr …“

„Sie können mich mit Doktor Fassbinder anreden, auch ‚Herr Professor‘ wäre eine Möglichkeit. Was kann ich für Sie tun?“

„Man hat mich zu Ihnen geschickt …“ Es machte mich unruhig, dass er mich noch kein einziges Mal angesehen hatte.

Daniel Kehlmann

Im Zentrum von Theodor Fontanes Roman „Frau Jenny Treibel“ steht der Konflikt zwischen Bildungs- und Besitzbürgertum. Jenny, die durch ihre Heirat mit dem großbürgerlichen Kommerzienrat Treibel gesellschaftlich aufgestiegen ist, besucht zu Beginn der Handlung ihr einstiges Elternhaus, in dem auch ihr ehemaliger Verehrer, der Gymnasialprofessor Wilibald Schmidt, gemeinsam mit seiner Tochter Corinna lebt.

An einem der letzten Maitage, das Wetter war schon sommerlich, bog ein zurückgeschlagener Landauer vom Spittelmarkt her in die Kur- und dann in die Adlerstraße ein und hielt gleich danach vor einem, trotz seiner Front von nur fünf Fenstern, ziemlich ansehnlichen, im Übrigen aber altmodischen Hause, dem ein neuer, gelbbrauner Ölfarbenanstrich wohl etwas mehr Sauberkeit, aber keine Spur von gesteigerter Schönheit gegeben hatte, beinahe das Gegenteil. Im Fond des Wagens saßen zwei Damen mit einem Bologneserhündchen, das sich der hell und warm scheinenden Sonne zu freuen schien. Die links sitzende Dame von etwa dreißig, augenscheinlich eine Erzieherin oder Gesellschafterin, öffnete, von ihrem Platz aus, zunächst den Wagenschlag und war dann der anderen, mit Geschmack und Sorglichkeit gekleideten und trotz ihrer hohen Fünfzig noch sehr gut aussehenden Dame beim Aussteigen behülflich. Gleich danach aber nahm die Gesellschafterin ihren Platz wieder ein, während die ältere Dame auf eine Vortreppe zuschritt und nach Passierung derselben in den Hausflur eintrat. Von diesem aus stieg sie, so schnell ihre Korpulenz es zuließ, eine Holzstiege mit abgelaufenen Stufen hinauf, unten von sehr wenig Licht, weiter oben aber von einer schweren Luft umgeben, die man füglich als eine Doppelluft bezeichnen konnte. Gerade der Stelle gegenüber, wo die Treppe mündete, befand sich eine Entreetür mit Guckloch und neben diesem ein grünes, knittriges Blechschild, darauf „Professor Wilibald Schmidt“ ziemlich undeutlich zu lesen war. Die ein wenig asthmatische Dame fühlte zunächst das Bedürfnis sich auszuruhen und musterte bei der Gelegenheit den ihr übrigens von langer Zeit her bekannten Vorflur, der vier gelb gestrichene Wände mit etlichen Haken und Riegeln und dazwischen einen hölzernen Halbmond zum Bürsten und Ausklopfen der Röcke zeigte. Dazu wehte, der ganzen Atmosphäre auch hier den Charakter gebend, von einem nach hinten zu führenden Korridor her ein sonderbarer Küchengeruch heran, der, wenn nicht alles täuschte, nur auf Rührkartoffeln und Carbonade gedeutet werden konnte, beides mit Seifenwrasen untermischt. „Also kleine Wäsche“, sagte die von dem allen wieder ganz eigentümlich berührte stattliche Dame still vor sich hin, während sie zugleich weit zurückliegender Tage gedachte, wo sie selbst hier, in eben dieser Adlerstraße, gewohnt und in dem gerade gegenüber gelegenen Materialwarenladen ihres Vaters mit im Geschäft geholfen und auf einem über zwei Kaffeesäcke gelegten Brett kleine und große Düten geklebt hatte, was ihr jedes Mal mit „zwei Pfennig fürs Hundert“ gutgetan worden war. „Eigentlich viel zu viel, Jenny“, pflegte dann der Alte zu sagen, „aber du sollst mit Geld umgehen lernen.“ Ach, waren das Zeiten gewesen! Mittags, Schlag zwölf, wenn man zu Tisch ging, saß sie zwischen dem Commis Herrn Mielke und dem Lehrling Louis, die beide, so verschieden sie sonst waren, dieselbe hochstehende Kammtolle und dieselben erfrorenen Hände hatten. Und Louis schielte bewundernd nach ihr hinüber, aber wurde jedes Mal verlegen, wenn er sich auf seinen Blicken ertappt sah. Denn er war zu niedrigen Standes, aus einem Obstkeller in der Spreegasse. Ja, das alles stand jetzt wieder vor ihrer Seele, während sie sich auf dem Flur umsah und endlich die Klingel neben der Tür zog. Der überall verbogene Draht raschelte denn auch, aber kein Anschlag ließ sich hören, und so fasste sie schließlich den Klingelgriff noch einmal und zog stärker. Jetzt klang auch ein Bimmelton von der Küche her bis auf den Flur herüber, und ein paar Augenblicke später ließ sich erkennen,

Fortsetzung auf Seite 45

Fortsetzung von Seite 44

dass eine hinter dem Guckloch befindliche kleine Holzklappe beiseitegeschoben wurde. Sehr wahrscheinlich war es des Professors Wirtschafterin, die jetzt, von ihrem Beobachtungsposten aus, nach Freund oder Feind aussah, und als diese Beobachtung ergeben hatte, dass es „gut Freund“ sei, wurde der Türriegel ziemlich geräuschvoll zurückgeschoben, und eine ramassierte Frau von ausgangs vierzig, mit einem ansehnlichen Haubenbau auf ihrem vom Herdfeuer geröteten Gesicht, stand vor ihr.
„Ach, Frau Treibel ... Frau Kommerzienrätin ... Welche Ehre ...“
„Guten Tag, liebe Frau Schmolke. Was macht der Professor? Und was macht Fräulein Corinna? Ist das Fräulein zu Hause?“
„Ja, Frau Kommerzienrätin. Eben wieder nach Hause gekommen aus der Philharmonie. Wie wird sie sich freuen.“
Und dabei trat Frau Schmolke zur Seite, um den Weg nach dem einfenstrigen, zwischen den zwei Vorderstuben gelegenen und mit einem schmalen Leinwandläufer belegten Entree freizugeben. Aber ehe die Kommerzienrätin noch eintreten konnte, kam ihr Fräulein Corinna schon entgegen und führte die „mütterliche Freundin“, wie sich die Rätin gern selber nannte, nach rechts hin, in das eine Vorderzimmer.

Theodor Fontane

Aufgaben

3. Untersuchen Sie den Standpunkt und die Aufgabe des Erzählers in den beiden Textausschnitten.
4. Wir wird der Blick des Lesers in den beiden Texten gelenkt? Skizzieren Sie jeweils eine Bildfolge bzw. einen Comic, der dem Ablauf der Handlungsschritte entspricht.
5. Welcher Text entspricht Ihrem Verständnis von Realismus eher?
Begründen Sie Ihre Antwort anhand von beiden Texten.
6. Fassen Sie mit eigenen Worten zusammen, was Daniel Kehlmann in seiner Poetikvorlesung „Diese sehr ernsten Scherze“ (2007) von der Literatur fordert bzw. was ihn an der Literatur fasziniert und wie dabei seine Einschätzung des „realistischen Erzählens“ ausfällt.

Da wäre zum Beispiel ein kleiner Einführungsabsatz, den der späte Nabokov für eine sehr frühe Kurzgeschichte schrieb. Die Story spielt sich zur Gänze in einem Zimmer und zwischen zwei Gesprächspartnern ab. Die beiden reden viel, und um das Sprechen nicht zu einem gänzlich abstrakten dramatischen Dialog werden zu lassen – etwa so einem, wie wir ihn hier führen –, orchestriert Nabokov das Ganze mit kleinen, psychologisch vielsagenden Gesten. Eben das ist, nebenbei gesagt, immer eine sehr schwierige Übung: Schwächere Autoren führen eigens zu diesem Zweck Weingläser ein, an denen unablässig genippt, oder Zigaretten, an denen immer mal eben gezogen wird. Gestik gehört zu den schwersten Übungen beschreibender Prosa – und so wie im literarischen Dialog kein Satz gesagt werden darf, der nicht einen Konflikt verschärft oder die Handlung vorantreibt, so darf es auch keine Geste geben, die nicht dem Ausdruck einer Charaktereigenschaft dient. Nun, jedenfalls besteht eine dieser Gesten zu Beginn von Nabokovs Geschichte darin, dass ein Gesprächspartner aus Nervosität ein kleines Streichholz in zwei Stücke bricht. Ein paar Sätze später lässt er die Bruchstücke in ein leeres Glas fallen. Dann gibt es Wendungen der Geschichte, Gegenwendungen und weitere Wendungen, aber irgendwann gegen Ende schenken sich die beiden Wein ein und trinken. Der alte Nabokov, Jahrzehnte entfernt von dem allerdings bereits teuflisch begabten Anfänger, der das geschrieben hatte, bemerkt dazu: „Am Ende der Geschichte scheint jeder das Streichholz im Weinglas vergessen zu haben – etwas, das ich heute nicht mehr zulassen würde.“
Ja und?
Wie – ja und?!
Das ist alles ?
Reicht das nicht? Für mich enthält dieser Satz eine der tiefgründigsten Erkenntnisse über das Prosaschreiben. Oder sogar mehrere davon. Erstens, Details sind nicht nur nicht egal, Details sind alles. Wenn solch eine Einzelheit nicht stimmt, hat die

Fortsetzung auf Seite 46

Geschichte als Ganzes einen Fehler; die Welt, die sie aufzubauen vorgibt, ist in sich nicht schlüssig. [...] Prosa hat mit Sätzen zu tun, erzählende Prosa aber immer auch mit Bildern. Ein ganz und gar bildloses Erzählen, das wäre selbst als radikales Experiment gar nicht vorstellbar. Es geht also darum, diese Bilder zu visualisieren. Wenn man sich beim Schreiben bemüht, alles immer zu sehen, jede Einzelheit, jede Bewegung, jede Geste, selbst jene, die man nicht beschreibt, dann geschehen gewisse Fehler nicht. Und seltsamerweise sind dann auch viel weniger Beschreibungen nötig, man kann im Visualisieren viel sparsamer sein, als es die so an Kleidung, Haartracht und Gesichtszügen interessierte Trivialliteratur ist, bei der es ja immer darum geht, die Beschreibung zunächst möglichst ausführlich zu erledigen, damit der Autor sich dann ungestört den Ereignissen widmen kann. Aber Ereignis und Aussehen sind eines, und wenn man eine Szene sieht, dann sieht sie auch der Leser. Paradox, aber wahr. Wäre ich pathetisch aufgelegt, würde ich nicht zögern, das einen magischen Akt zu nennen. [...]

Aber schweifen wir nicht ab, bleiben wir bei der gruseligen Kunst. Wenn Sie sagen, Erzählen hat mit Bildern zu tun – ist das ein Plädoyer für den Realismus? Für jenes berühmte „realistische Erzählen", von dem deutsche Kritiker mysteriöserweise glauben, es fände in den Vereinigten Staaten von Amerika statt?

Ganz im Gegenteil. Je traumhafter die Bilder, desto besser. Das eben hat das Schreiben dem Film voraus: Es ist nicht gebunden an die physischen Wirklichkeiten unseres Daseins, bloß an die existenziellen. Die größte literarische Revolution der zweiten Hälfte des zwanzigsten Jahrhunderts, das waren die Erzähler Südamerikas, die an Kafka anknüpften und die Grenzen zwischen Tages- und Nachtwirklichkeit, zwischen Wachen und Traum durchlässig machten. Romane als große Träume, in denen alles möglich ist. [...] Hierorts wollte man davon nicht viel wissen, knüpfte an den Dadaismus der Vorkriegszeit an, zog den Humor ab und nannte es ein Experiment. Lautpoesie und soziales Engagement – die zwei bedrückenden Eckpfeiler des radikalen Realismus. Selbst der eine große Magier unserer Literatur, der Autor der „Blechtrommel", wurde als engagierter Didakt gelesen. [...]

Die Experimente, die Sie interessieren, haben also mit dem Realismus beziehungsweise dessen Abwesenheit zu tun?

Ich fand Literatur immer am faszinierendsten, wenn sie nicht die Regeln der Syntax bricht, sondern die der Wirklichkeit. Das habe auch ich immer versucht, und ich war immer wieder überrascht davon, wie stark die inneren Widerstände vieler deutscher Kunstverständiger dagegen sind. Man könnte daran wohl Mentalitätsbeobachtungen knüpfen; ich glaube, nirgendwo ist die Literatur, aber nirgendwo auch das Lebensgefühl so fest verankert in gutbürgerlich unzerstörbarer Wirklichkeit. Garcia Marquez sagt in einem Gesprächsbuch, dass man als Kolumbianer ganz von selbst zum Surrealisten wird, weil die einen umgebende *Welt* so unwirklich ist. So gesehen, sind wir hier wohl das andere Extrem. Hier ist das Wirkliche so geordnet, dass wir in Planquadraten träumen.

Daniel Kehlmann

Aufgaben

7. Daniel Kehlmann bezieht sich in seiner folgenden Äußerung auf den Moment, in dem Beerholm das Zimmer des Paters betritt. Welche Intention können Sie aus seiner Äußerung ableiten?

Hier sollte nicht nur der Held verwirrt stehen bleiben, auch der Leser. So hoffte ich. Der Protagonist erträumt sich eine Figur, er – immerhin trägt der Roman das im Titel – stellt sie sich vor. Er malt sie sich aus, so wie ich sie mir beim Schreiben ausmalte, und holt sie imaginierend in die Wirklichkeit des Buches. Ohne dass der Traum enden würde, ist Pater Fassbinder von diesem Moment an eine handelnde Figur, ein Teil der Geschichte.

8. Schreiben Sie Beerholms Traum weiter: Was erlebt der Ich-Erzähler in Pater Fassbinders Büro?

9. Überprüfen Sie Ihre Ergebnisse zu den Aufgaben 1, 3 und 7 mit Hilfe von Seite 47.

Hinweise zu den Autoren

Daniel Kehlmann wurde 1975 in München geboren. 1981 kam er mit seiner Familie nach Wien, besuchte dort das Kollegium Kalksburg, eine Jesuitenschule, und studierte Philosophie und Germanistik. 1997 erschien sein erster Roman *Beerholms Vorstellung*, darauf folgten mehrere Auszeichnungen, insbesondere für den Roman *Die Vermessung der Welt* (2005), welcher als einer der erfolgreichsten Romane der deutschen Nachkriegszeit gilt und dem Autor zum internationalen Durchbruch verhalf. Kehlmann lebt als freier Schriftsteller in Wien und Berlin, veröffentlicht immer wieder Rezensionen und Essays in namhaften Zeitungen und hielt viel beachtete Poetikvorlesungen in Mainz, Wiesbaden und Göttingen.

Theodor Fontane (1819 bis 1898) entstammt einer hugenottischen Familie und trat zunächst als Apotheker in die Fußstapfen seines Vaters. Im Zuge der Märzrevolution 1848 publizierte er vier recht radikale, demokratische Texte und gab seinen erlernten Beruf ein Jahr später zu Gunsten der Schriftstellerei auf. Es folgte die Heirat mit Emilie Rouanet-Kummer sowie eine Korrespondententätigkeit in London. Nach seiner Rückkehr verfasste er Reiseliteratur und arbeitete als Theaterkritiker. Erst 1876, nach diversen Reisen, entschloss er sich zur Tätigkeit als freier Schriftsteller: Bis zu seinem Tod entstanden noch zahlreiche Erzählungen, Romane und lyrische Texte, darunter *Irrungen, Wirrungen* (1888), *Frau Jenny Triebel* (1892), *Effi Briest* (1894/95) sowie die Balladen *Die Brück' am Tay* und *John Maynard.*

Hinweise zu den Aufgaben

Zu 1: Der Begriff „Realismus" suggeriert, dass die tatsächliche, fassbare Welt unverfälscht und objektiv abbildbar ist. Dabei ist es bei näherer Überlegung z. B. schon unmöglich, einen Baum mit allen Blättern und sonstigen Einzelheiten zu beschreiben. Realismus ist insofern also immer nur die subjektive und ästhetisch überhöhte Darstellung einer scheinbar objektiven, also objektivierten Wirklichkeit durch einen mehr oder weniger sichtbaren Erzähler.
Der Wirklichkeitsbegriff der Realisten bezieht sich auf die menschliche Gesellschaft, er macht die gesellschaftlichen Verhältnisse, in denen der Mensch lebt, zum zentralen Gegenstand seiner Darstellung.

Zu 3: Der Ich-Erzähler in Kehlmanns Roman lässt den Leser an seinen Gedanken, Vorstellungen und Träumen teilhaben. Im gewählten Textausschnitt ist der Kopf des Erzählers gewissermaßen das Zentrum der erzählten Welt, in dem neue Welten entstehen. In schneller Folge generiert er Vorstellungen und Bilder, verwirft sie und baut wieder neue auf. Bereits seine anfänglichen Assoziationen oder die rasche Metamorphose eines Vogels zum Hubschrauber und zum Käfer bereiten den Leser darauf vor, dass die Grenze zwischen Wirklichkeit und Imagination hier durchlässig ist. Mit dem (gedanklichen) Eintritt in die Klosterwelt, an deren imaginativer Konstruktion der Leser teilhat, wird diese Grenze dann vollends aufgehoben.
Fontanes auktorialer Erzähler steht außerhalb der erzählten Welt. Seine Aufgabe ist es, den Leser durch die Geschichte zu führen und ihn zu gegebener Zeit mit allen nötigen Informationen zu versorgen.

Zu 7: Daniel Kehlmanns Intention lässt sich seinen poetologischen Ausführungen entnehmen. Er verwischt bewusst die Grenzen zwischen Traum und Realität, um auf diese Weise neue Denk-, Spiel- und Bildräume zu schaffen.

Gebrochener Realismus II: Erfundene Geschichte?

Wie viel Gehalt an historischer Realität hat ein historischer Roman? Wie viel sollte er haben? Warum verlegt ein Gegenwartsautor die Handlung einer Geschichte überhaupt in die Vergangenheit? Will er seinen Lesern primär historische Berühmtheiten vor Augen führen oder geht es ihm hinter der historischen Fassade um Probleme seiner eigenen Zeit? – An den historischen Roman lassen sich diese und noch viele andere Fragen stellen. Eines immerhin scheint klar: Es geht dabei fast immer um Mischungsverhältnisse: von Faktischem und Fiktivem, von Historischem und Gegenwärtigem.

Aufgabe

1. Lesen Sie die Texte auf den Seiten 48 bis 52 und markieren Sie dabei Textpassagen unterschiedlich, die Sie für mehr oder weniger historisch korrekt oder für frei erfunden halten.

In seinem Roman „Die Vermessung der Welt“ schildert Daniel Kehlmann ein Treffen zweier berühmter Wissenschaftler: Im Jahr 1828 begibt sich der Mathematiker Carl Friedrich Gauß begleitet von seinem Sohn Eugen auf eine Reise nach Berlin, um dort, auf Einladung Alexander von Humboldts, an einem Kongress teilzunehmen. Dabei wirft Kehlmann nicht nur einen Blick auf die beiden bereits gealterten Wissenschaftler, sondern auch auf die politische Lage in Deutschland.

Sie erreichten Berlin am Spätnachmittag des nächsten Tages. Tausende kleine Häuser ohne Mittelpunkt und Anordnung, eine ausufernde Siedlung an Europas sumpfigster Stelle. Eben erst hatte man angefangen, prunkvolle Gebäude zu errichten: einen Dom, einige Paläste, ein Museum für die Funde von Humboldts großer Expedition.

In ein paar Jahren, sagte Eugen, werde das hier eine Metropole sein wie Rom, Paris oder Sankt Petersburg.

Niemals, sagte Gauß. Widerliche Stadt!

Die Kutsche rumpelte über schlechtes Pflaster. Zweimal scheuten die Pferde vor knurrenden Hunden, in den Nebenstraßen blieben die Räder fast im nassen Sand stecken. Ihr Gastgeber wohnte im Packhof Nummer vier, in der Stadtmitte, gleich hinter der Baustelle des neuen Museums. Damit sie es nicht verfehlten, hatte er mit dünner Feder einen sehr genauen Lageplan gezeichnet. Jemand musste sie von weitem gesehen und angekündigt haben, denn wenige Sekunden nachdem sie in den Hof eingefahren waren, flog die Haustür auf, und vier Männer liefen ihnen entgegen.

Alexander von Humboldt war ein kleiner alter Herr mit schlohweißen Haaren. Hinter ihm kamen ein Sekretär mit aufgeschlagenem Schreibblock, ein Bote in Livree und ein backenbärtiger junger Mann, der ein Gestell mit einem Holzkasten trug. Als hätten sie es geprobt, stellten sie sich in Positur. Humboldt streckte die Arme nach der Kutschentür aus.

Nichts geschah.

Aus dem Inneren des Fahrzeugs hörte man hektisches Reden. Nein, rief jemand, nein! Ein dumpfer Schlag ertönte, dann zum dritten Mal: Nein! Und eine Weile nichts.

Endlich klappte die Tür auf, und Gauß stieg vorsichtig auf die Straße hinab. Er zuckte zurück, als Humboldt ihn an den Schultern fasste und rief, welche Ehre es sei, was für ein großer Moment für Deutschland, die Wissenschaft, ihn selbst.

Der Sekretär notierte, der Mann hinter dem Holzkasten zischte: Jetzt!

Humboldt erstarrte. Das sei Herr Daguerre, flüsterte er, ohne die Lippen zu bewegen. Ein Schützling von ihm, der an einem Gerät arbeite, welches den Augenblick auf eine lichtempfindliche Silberjodidschicht bannen und der fliehenden Zeit entreißen werde. Bitte auf keinen Fall bewegen!

Gauß sagte, er wolle nach Hause.

Nur einen Augenblick, flüsterte Humboldt, fünfzehn Minuten etwa, man sei schon recht weit fortgeschritten. Vor kurzem habe es noch viel länger gedauert, bei den ersten Versuchen habe er gemeint, sein Rücken halte es nicht aus. Gauß wollte sich loswinden, aber der kleine Alte hielt ihn mit überraschender Kraft fest und murmelte: Dem König Bescheid geben! Schon war der Bote fortgerannt. Dann, offenbar weil es ihm gerade durch den Kopf ging: Notiz, Möglichkeit einer Robbenzucht in Warnemünde prüfen, Bedingungen scheinen günstig, mir morgen vorlegen! Der Sekretär notierte.

Eugen, der erst jetzt leicht hinkend aus der Kutsche stieg, entschuldigte sich für die späte Stunde ihrer Ankunft.

Fortsetzung auf Seite 49

Fortsetzung von Seite 48

Hier gebe es keine frühe oder späte Stunde, murmelte Humboldt. Hier gebe es nur Arbeit, und die werde getan. Zum Glück habe man noch Licht. Nicht bewegen!

Ein Polizist betrat den Hof und fragte, was hier los sei.

Später, zischte Humboldt mit zusammengepressten Lippen.

Dies sei eine Zusammenrottung, sagte der Polizist. Entweder man gehe sofort auseinander, oder er werde amtshandeln.

Er sei Kammerherr, zischte Humboldt.

Was bitte? Der Polizist beugte sich vor.

Kammerherr, wiederholte Humboldts Sekretär. Angehöriger des Hofes.

Daguerre forderte den Polizisten auf, aus dem Bild zu gehen.

Mit gerunzelter Stirn trat der Polizist zurück. Erstens könne das nun aber jeder sagen, zweitens gelte das Versammlungsverbot für alle. Und der da, er zeigte auf Eugen, sei offensichtlich Student. Da werde es besonders heikel.

Wenn er sich nicht gleich davonmache, sagte der Sekretär, werde er Schwierigkeiten bekommen, die er sich noch gar nicht vorstellen könne.

So spreche man nicht mit einem Beamten, sagte der Polizist zögernd. Er gebe ihnen fünf Minuten.

Gauß stöhnte und riss sich los.

Ach nein, rief Humboldt.

Daguerre stampfte mit dem Fuß auf. Jetzt sei der Moment für immer verloren!

Wie alle anderen, sagte Gauß ruhig. Wie alle anderen.

Und wirklich: Als Humboldt noch in derselben Nacht, während Gauß im Nebenzimmer so laut schnarchte, dass man es in der ganzen Wohnung hörte, die belichtete Kupferplatte mit einer Lupe untersuchte, erkannte er darauf gar nichts. Und erst nach einer Weile schien ihm ein Gewirr gespenstischer Umrisse darin aufzutauchen, die verschwommene Zeichnung von etwas, das aussah wie eine Landschaft unter Wasser. Mitten darin eine Hand, drei Schuhe, eine Schulter, der Ärmelaufschlag einer Uniform und der untere Teil eines Ohres. Oder doch nicht? Seufzend warf er die Platte aus dem Fenster und hörte sie dumpf auf den Boden des Hofes schlagen. Sekunden später hatte er sie, wie alles, was ihm je misslungen war, vergessen.

Daniel Kehlmann

Auch Eduard Mörikes Novelle „Mozart auf der Reise nach Prag“ (1856) beginnt mit einer Kutschfahrt:

Im Herbst des Jahres 1787 unternahm Mozart in Begleitung seiner Frau eine Reise nach Prag, um „Don Juan“ daselbst zur Aufführung zu bringen.

Am dritten Reisetag, den vierzehnten September, gegen eilf Uhr morgens, fuhr das wohlgelaunte Ehepaar noch nicht viel über dreißig Stunden Wegs von Wien entfernt, in nordwestlicher Richtung, jenseits vom Mannhardsberg und der deutschen Thaya bei Schrems, wo man das schöne Mährische Gebirg’ bald vollends überstiegen hat.

„Das mit drei Postpferden bespannte Fuhrwerk“, schreibt die Baronesse von T. an ihre Freundin, „eine stattliche, gelbrote Kutsche, war Eigentum einer gewissen alten Frau Generalin Volkstett, die sich auf ihren Umgang mit dem mozartischen Hause und ihre ihm erwiesenen Gefälligkeiten von jeher scheint etwas zugutgetan zu haben.“ – Die ungenaue Beschreibung des fraglichen Gefährts wird sich ein Kenner des Geschmacks der achtziger Jahre noch etwa durch einige Züge ergänzen. Der

Fortsetzung auf Seite 50

gelbrote Wagen ist hüben und drüben am Schlage mit Blumenbuketts, in ihren natürlichen Farben gemalt, die Ränder mit schmalen Goldleisten verziert, der Anstrich aber noch keineswegs von jenem spiegelglatten Lack der heutigen Wiener Werkstätten glänzend, der Kasten auch nicht völlig ausgebaucht, obwohl nach unten zu kokett mit einer kühnen Schweifung eingezogen; dazu kommt ein hohes Gedeck mit starrenden Ledervorhängen, die gegenwärtig zurückgestreift sind.

Von dem Kostüm der beiden Passagiere sei überdies so viel bemerkt. Mit Schonung für die neuen, im Koffer eingepackten Staatsgewänder war der Anzug des Gemahls bescheidentlich von Frau Constanzen ausgewählt: zu der gestickten Weste von etwas verschossenem Blau sein gewohnter, brauner Überrock mit einer Reihe großer und dergestalt fassonierter Knöpfe, dass eine Lage rötliches Rauschgold durch ihr sternartiges Gewebe schimmerte, schwarzseidene Beinkleider, Strümpfe und auf den Schuhen vergoldete Schnallen. Seit einer halben Stunde hat er wegen der für diesen Monat außerordentlichen Hitze sich des Rocks entledigt und sitzt, vergnüglich plaudernd, barhaupt, in Hemdärmeln da. Madame Mozart trägt ein bequemes Reisehabit, hellgrün und weiß gestreift; halb aufgebunden fällt der Überfluss ihrer schönen, lichtbraunen Locken auf Schulter und Nacken herunter; sie waren zeit ihres Lebens noch niemals von Puder entstellt, während der starke, in einen Zopf gefasste Haarwuchs ihres Gemahls für heute nur nachlässiger als gewöhnlich damit versehen ist.

Man war eine sanft ansteigende Höhe zwischen fruchtbaren Feldern, welche hie und da die ausgedehnte Waldung unterbrachen, gemachsam hinauf und jetzt am Waldsaum angekommen.

„Durch wie viel Wälder“, sagte Mozart, „sind wir nicht heute, gestern und ehegestern schon passiert! – Ich dachte nichts dabei, geschweige, dass mir eingefallen wäre, den Fuß hineinzusetzen. Wir steigen einmal aus da, Herzenskind, und holen von den blauen Glocken, die dort so hübsch im Schatten stehn. Deine Tiere, Schwager, mögen ein bisschen verschnaufen.“

Indem sie sich beide erhoben, kam ein kleines Unheil an den Tag, welches dem Meister einen Zank zuzog. Durch seine Achtlosigkeit war ein Flakon mit kostbarem Riechwasser aufgegangen und hatte seinen Inhalt unvermerkt in die Kleider und Polster ergossen. „Ich hätt es denken können“, klagte sie, „es duftete schon lang so stark! O weh, ein volles Fläschchen echte Rosée d’Aurore rein ausgeleert! Ich sparte sie wie Gold.“ – „Ei, Närrchen“, gab er ihr zum Trost zurück, „begreife doch, auf solche Weise ganz allein war uns dein Götter-Riechschnaps etwas nütze. Erst saß man in einem Backofen und all dein Gefächel half nichts, bald aber schien der ganze Wagen gleichsam ausgekühlt; du schriebst es den paar Tropfen zu, die ich mir auf den Jabot goss; wir waren neu belebt und das Gespräch floss munter fort, statt dass wir sonst die Köpfe hätten hängen lassen wie die Hämmel auf des Fleischers Karren; und diese Wohltat wird uns auf dem ganzen Weg begleiten. Jetzt aber lass uns doch einmal zwei wienerische Nos’n recht express hier in die grüne Wildnis stecken!“

Sie stiegen Arm in Arm über den Graben an der Straße und sofort tiefer in die Tannendunkelheit hinein, die, sehr bald bis zur Finsternis verdichtet, nur hin und wieder von einem Streifen Sonne auf sammetnem Moosboden grell durchbrochen ward. Die erquickliche Frische, im plötzlichen Wechsel gegen die außerhalb herrschende Glut, hätte dem sorglosen Mann ohne die Vorsicht der Begleiterin gefährlich werden können. Mit Mühe drang sie ihm das in Bereitschaft gehaltene Kleidungsstück auf. – „Gott, welche Herrlichkeit!“, rief er, an den hohen Stämmen hinaufblickend, aus: „Man ist als wie in einer Kirche! Mir deucht, ich war niemals in einem Wald, und besinne mich jetzt erst, was es doch heißt, ein ganzes Volk von Bäumen beieinander! Keine Menschenhand hat sie gepflanzt, sind alle selbst gekommen und stehen so, nur eben weil es lustig ist, beisammen wohnen und wirtschaften. Siehst du, mit jungen Jahren fuhr ich doch in halb Europa hin und her, habe die Alpen gesehn und das Meer, das Größeste und Schönste, was erschaffen ist: Jetzt steht von ungefähr der Gimpel in einem ordinären Tannenwald an der böhmischen Grenze, verwundert und verzückt, dass solches Wesen irgend existiert, nicht etwa nur so *una finzione di poeti*[1] ist, wie ihre Nymphen, Faune und dergleichen mehr, auch kein Komödienwald, nein aus dem Erdboden herausgewachsen, von Feuchtigkeit und Wärmelicht der Sonne großgezogen! Hier ist zu Haus der Hirsch mit seinem wundersamen, zackigen Gestäude auf der Stirn, das possierliche Eichhorn, der Auerhahn, der Häher.“ – Er bückte sich, brach einen Pilz, und pries die prächtige, hochrote Farbe des Schirms, die zarten, weißlichen Lamellen an dessen unterer Seite, auch steckte er verschiedene Tannenzapfen ein.

 Fortsetzung auf Seite 51

„Man könnte denken", sagte die Frau, „du habest noch nicht zwanzig Schritte hinein in den Prater gesehen, der solche Raritäten doch auch wohl aufzuweisen hat."

„Was Prater! Sapperlott, wie du nur das Wort hier nennen magst! Vor lauter Karossen, Staatsdegen, Roben und Fächern, Musik und allem Spektakel der Welt, wer sieht denn da noch sonst etwas? Und selbst die Bäume dort, so breit sie sich auch machen, ich weiß nicht – Bucheckern und Eicheln, am Boden verstreut, sehn halter aus als wie Geschwisterkind mit der Unzahl verbrauchter Korkstöpsel darunter. Zwei Stunden weit riecht das Gehölz nach Kellnern und nach Saucen."

„O unerhört!", rief sie, „So redet nun der Mann, dem gar nichts über das Vergnügen geht, Backhähnl im Prater zu speisen!"

Eduard Mörike

[1] una finzione di poeti – eine dichterische Erfindung

Aufgaben

2. Welche Informationen über die Protagonisten Gauß, Humboldt und Mozart sowie die jeweiligen Zeitumstände können Sie den Textausschnitten entnehmen? Notieren Sie.

3. Kehlmann stellt die Figurenrede im Gegensatz zu Mörike indirekt dar. Verfassen Sie den Dialog nach Gauß' Ankunft in Berlin in direkter Rede und beschreiben Sie, wie sich die Wirkung des Dialogs dadurch verändert.

4. Erläutern Sie die Funktion von Humor und Ironie in Kehlmanns Text.

5. Welche Bedenken könnte oder sollte ein Autor Ihrer Ansicht nach im Umgang mit historischen Fakten und Figuren haben? Begründen Sie Ihre Ansicht ausführlich. Anhaltspunkte dazu bietet Ihnen der folgende Auszug aus Daniel Kehlmanns Poetikvorlesung „Diese sehr ernsten Scherze" (2007):

Sie haben von zwei historischen Personen erzählt. Sie haben diesen beiden Dinge angedichtet und anerfunden. Finden Sie das moralisch völlig unproblematisch?

So unproblematisch, wie Kunst eben sein kann. Wirklich anständig ist sie nämlich nie. Ein Künstler ist nicht vollkommen, nicht ganz und gar respektabel. Aber es ist seit alters her eine Domäne der Literatur, ihre eigenen Versionen historischer Personen nachzuerschaffen. Man kann es sich natürlich leichtmachen wie Heiner Müller und sagen, alles Geschichtliche ist Material. Aber so einfach ist es nicht. Natürlich ist Schillers Wallenstein nicht der historische Wallenstein, aber er ist auch nicht irgendeine Figur, die mit Wallenstein nichts außer dem Namen gemeinsam hat. Willy Brandt und Günter Guillaume in Michael Frayns Stück „Demokratie" sind natürlich nicht einfach der historische Brandt und der historische Guillaume, aber sie sind auch nicht zwei frei erfundene Fantasiegestalten. Der historische Mensch selbst ist gewissermaßen ein Magnet, und um ihn herum ist ein Feld, in dem man sich erfindend bewegt. Kommt man der ursprünglichen Gestalt zu nahe, dann schreibt man einfach eine Biografie, und das ist nicht der Sinn der Sache. Entfernt man sich aber so weit, dass die Kraft ihres Feldes nicht mehr spürbar ist, so hat man das künstlerische Recht verloren, diese Namen zu verwenden, und man unternimmt etwas ganz Sinnloses.

Sie machen sich also ein Bild und dann erfinden Sie, um dieses Bild zu stützen?

So kann man es ausdrücken.

Ist das denn seriös?

Im Journalismus wäre es eine Todsünde. In der Literatur ist es nicht nur erlaubt, sondern notwendig.

Und ist der Unterschied zwischen Literatur und Journalismus immer so klar und eindeutig?

Der Hauptunterschied ist schon einmal, dass auf einem Roman das Wort „Roman" steht. Mithin, dass schon vor dem ersten Wort ein Pakt zwischen Erzähler und Leser geschlossen wird, der besagt, dass der Leser alles hinnehmen und nichts glauben wird. „Suspension of disbelief" nannte das Coleridge.

Fortsetzung von Seite 51

Wer also Ihren Roman liest, um zu erfahren, wie es gewesen ist ...

Dem muss ich abraten. Selbst wenn es zufällig so gewesen sein sollte, wie ich es schildere – was ich, unter uns gesagt, durchaus für möglich halte –, so wäre er trotzdem nicht im landläufigen Sinn „zutreffend".

Wären Ihre Figuren noch am Leben, all diese Argumente würden Ihnen nichts nützen. Sie würden verklagt werden, und Sie würden verlieren.

Mit Sicherheit.

Warum dürfen Sie also mit Gauß tun, was Sie mit Jürgen Habermas nicht tun dürften?

Darüber habe ich lange nachgedacht. Man hat unwillkürlich das Gefühl, dass es hier einen fundamentalen Unterschied gibt, und ich meine, dieses Gefühl täuscht nicht. Aber worin liegt er? Ich denke, es ist die Zeit. Persönlichkeitsrechte werden von der vergehenden Zeit getilgt. Nicht nur in juridischer, auch in moralischer Hinsicht. Es hat mit der Natur des Nachruhms zu tun: Wessen Name so lange überlebt, dass seine Leistungen mit solcher Klarheit hervortreten, der ist offenbar all den Erwägungen enthoben, dass man ihn schützen müsse vor der schwärzenden Kraft der Erfindung. Oder anders gesagt: Man billigt ihm nicht mehr das Recht auf Egoismus zu, auf Eitelkeit. Oder, wieder anders gesehen: Man hat sich mit dem Umstand abgefunden, dass er tot ist. Ganz und gar und vollkommen tot. Unserer Welt und ihrem Spott entrückt.

Und wie lange muss einer gestorben sein, damit er in diese Lage kommt?

Schwierige Frage. Vermutlich verlängert sich diese Zeitspanne parallel zu unserer wachsenden Lebenserwartung. Aber ich möchte hier keine Zahl nennen. Prüfen Sie Ihr Gefühl. Mit Einstein lässt sich wenig anstellen, ohne dass man es als problematisch empfände. Mit Humboldt deutlich mehr. Mit Cicero alles.

Es hängt vielleicht auch mit der Größe eines Namens, einer Figur zusammen. Je berühmter einer ist, desto geringer die Gefahr, dass eine Erfindung bildbestimmend wird. Nun ist aber gerade das mit Ihnen und Gauß passiert. So mancher denkt jetzt, Gauß war wirklich so, wie er bei Ihnen ist.

Und ein wenig, ich gebe es zu, bekümmert mich das. Das ist eben die durch nichts gerechtfertigte Bildmacht des Spätergeborenen. Auf Seite 9 meines Romans sagt er es selbst: „Seltsam sei es und ungerecht, so recht ein Beispiel für die erbärmliche Zufälligkeit der Existenz, dass man in einer bestimmten Zeit geboren und ihr verhaftet sei, ob man wolle oder nicht. Es verschaffe einem einen unziemlichen Vorteil vor der Vergangenheit und mache einen zum Clown der Zukunft."

Moment bitte – wer sagt das?

Gauß.

Gauß hat das nie gesagt.

Natürlich nicht. Mein Gauß sagt es. Die literarische Figur!

Daniel Kehlmann

Aufgaben

6. Diskutieren Sie die Aussage der literarischen Figur Gauß über die „erbärmliche Zufälligkeit der Existenz, dass man in einer bestimmten Zeit geboren und ihr verhaftet sei". Verschafft einem das tatsächlich einen „Vorteil vor der Vergangenheit" und macht es einen zum „Clown der Zukunft"?

7. Welche historische Persönlichkeit fasziniert Sie? Verfassen Sie eine Erzählung über ein Ereignis aus dem Leben dieser Person und loten Sie dabei den schmalen Grat zwischen Wirklichkeitstreue und literarischer Fiktion selbst aus.

8. Überprüfen Sie Ihre Ergebnisse zu den Aufgaben 3 und 4 mit Hilfe von Seite 53.

Fortsetzung auf Seite 53

Hinweise zu den Autoren

Daniel Kehlmann wurde 1975 in München geboren. 1981 kam er mit seiner Familie nach Wien, besuchte dort das Kollegium Kalksburg, eine Jesuitenschule, und studierte Philosophie und Germanistik. 1997 erschien sein erster Roman *Beerholms Vorstellung*, darauf folgten mehrere Auszeichnungen, insbesondere für den Roman *Die Vermessung der Welt* (2005), welcher als einer der erfolgreichsten Romane der deutschen Nachkriegszeit gilt und dem Autor zum internationalen Durchbruch verhalf. Kehlmann lebt als freier Schriftsteller in Wien und Berlin, veröffentlicht immer wieder Rezensionen und Essays in namhaften Zeitungen und hielt viel beachtete Poetikvorlesungen in Mainz, Wiesbaden und Göttingen.

Der schwäbische Dichter Eduard Mörike (1804 bis 1875) war im „Brotberuf" eigentlich evangelischer Pfarrer. Auf eigenen Wunsch wurde er jedoch bereits im Alter von 39 Jahren pensioniert und konnte sich daraufhin verstärkt seiner Leidenschaft, dem Schreiben, widmen. Da die Einkünfte aus eigenen Werken und Übersetzungen jedoch nicht ausreichten, arbeitete er auch als Lehrer für Literatur. Streitigkeiten zwischen seiner katholischen Ehefrau Margarethe und seiner Schwester Klara führten zu einer Verschlechterung der Beziehung und zu einer Trennung von Margarethe. Danach lebte der Dichter – wie schon während seiner Tätigkeit als Pfarrer – mit seiner Schwester Klara zusammen. Mörike gilt als ein typischer Vertreter des Biedermeier und hinterlässt ein bedeutendes lyrisches und erzählerisches Werk, darunter die 1856 veröffentlichte Novelle *Mozart auf der Reise nach Prag*.

Hinweise zu den Aufgaben

Zu 3 und 4: Obwohl Daniel Kehlmann seine historischen Figuren anhand einer ganzen Reihe anekdotischer Erlebnisse und Abenteuer sehr plastisch, als Menschen aus Fleisch und Blut, präsentiert, hält er auf der anderen Seite durch Humor und ein ironisches Augenzwinkern auch deutlich Distanz zu ihnen. Vergleicht man Mörikes ebenfalls humorvolle Mozart-Inszenierung damit, so fällt auf, dass es sich hier in erster Linie um den Humor der Hauptfigur handelt, der für den Charakter Mozarts einnimmt und damit eher dazu dient, den Abstand zu der historischen Persönlichkeit zu verringern.

Distanz schafft Kehlmann auch durch die Verwendung der indirekten Rede: Wörtliche Rede spiegelt im Vergleich – eine vom Leser natürlich durchschaubare – Authentizität vor. Diverse Ausblicke, etwa die Spekulation über den künftigen Weltrang Berlins, öffnen den Roman auf die Gegenwart des Autors und seiner Leser. Auch die verhandelten Probleme, z. B. das Verschwinden des Magischen durch die Rationalisierung und Vermessung der Welt, besitzen nicht nur eine ungebrochene, sondern sogar eine gesteigerte Brisanz und Aktualität.

Augenblick und Unendlichkeit

Die Zeitgestaltung gehört zu den zentralen Aufgaben und Techniken epischer Dichtung. Dabei kommt es auf das Verhältnis von Erzählzeit und erzählter Zeit an. Die Zeit, die ein Leser dafür braucht, einen Text oder einen Textausschnitt zu lesen, nennt man Erzählzeit; von erzählter Zeit spricht man dagegen, wenn man den Zeitraum beschreiben will, in dem sich das erzählte Geschehen abspielt. Der Erzähler kann die Zeit raffen, wenn er z. B. das Leben eines Menschen in wenigen Sätzen abhandelt; in diesem Fall ist die Erzählzeit kürzer als die erzählte Zeit. Umgekehrt kann er die Gedanken, die einer Figur binnen weniger Stunden durch den Kopf gehen, auf hunderten von Seiten entfalten; dann ist die Erzählzeit länger als die erzählte Zeit und man spricht von Zeitdehnung.

Aufgabe

1. Lesen Sie die Texte auf den Seiten 54 bis 57.

Eindrucksvoll schildert Uwe Tellkamp in seinem Roman „Der Turm. Geschichte aus einem versunkenen Land" den Niedergang der DDR verwoben mit der Familiengeschichte der Hoffmanns, die dornröschenhaft zurückgezogen in einem Dresdner Villenviertel leben und die es als Bildungsbürger im Sozialismus eigentlich nicht hätte geben dürfen. Zu Beginn der Handlung – Ende November 1982 – feiert der Chirurg Richard Hoffmann zusammen mit seiner Familie, Freunden und Arbeitskollegen seinen 50. Geburtstag. Nicht nur für seinen 17-jährigen Sohn Christian wird der ständige Spagat zwischen anerzogenem Wahrheitsanspruch und notwendiger Lüge zur Zerreißprobe: Er will Arzt werden und besucht deshalb ein angesehenes EOS-Internat (Erweiterte Oberschule) in der Provinz, wo er nicht nur ausgezeichnete Leistungen erbringen, sondern sich auch im Sinne des Sozialismus engagieren muss. Deshalb genießt er jeden Besuch in seinem Elternhaus, kommt aber auch beinahe zu spät zur Geburtstagsfeier seines Vaters.

„Die schöne, gepflegte Felsenburg, fliessend warm- und kaltes Wasser", las er auf dem Emailschild neben dem Eingang. Brombeer- und Rosengerank warf Schatten auf den Weg, der bis zur Fleischerei Vogelsang gefegt und mit Splitt bestreut worden war. Auf der Straße standen die Autos dicht an dicht, Christian hatte sogar den Opel Kapitän des Chefarztes der Chirurgischen Klinik gesehen.
Im Vestibül mit den Tüten-Lampen stand eine Tafel auf einer Staffelei: GESCHLOSSENE GESELLSCHAFT – BITTE NICHT STÖREN der Treppe zugekehrt, die hinauf zu den Zimmern führte. Ziemlich nassforsch, dachte Christian, immerhin war die „Felsenburg" eine öffentliche Gaststätte mit Zimmervermietung, und wenn er auch aus Gesprächen seiner Eltern wusste, dass es eine unmittelbare Beziehung zwischen dem Wohlwollen des Servierpersonals, gesteigert beispielsweise durch wiederholt aufgerundete Rechnungen, und der Verfügbarkeit gewisser Restaurantplätze in Ofen- und Sichtnähe des Kellners gab, besonders jetzt im Winter, so fühlte er sich doch, während er langsam auf die Glastür des Restaurants zuging, in einen der armen Übernachtungsgäste oben versetzt, die zwar hier schlafen, im Übrigen aber nicht stören durften. Basta! Aber was hatten sie zu essen bekommen?
„Ah, der Älteste vom Herrn Doktor, wenn ich nicht irre?" Ein halbes Lächeln überflog Adelings Wangen. „Aber natürlich, Sie waren doch schon einmal hier, ich erinnere mich. Sie sind aber gewachsen seither, jaja, aus Menschen werden Leute, wie man so sagt, nicht wahr. Die Feier des Herrn Vaters hat schon fast begonnen, bitte hier entlang!" Herr Adeling war hinter dem Klappbord der Rezeption hervorgeeilt und nahm gelassen Christians Garderobe entgegen. […]
Christian betrat das Restaurant, als die Regulator-Uhr an der Rezeption sechs schlug. Herr Adeling folgte ihm und blieb mit zusammengelegten Händen bei der Tür stehen. Alle Köpfe wandten sich nach Christian um, der spürte, wie er rot wurde und sich unwillkürlich kleiner zu machen versuchte. Er ärgerte sich. Er hatte gezögert und Menos Schreibtisch betrachtet, um den anderen keine Zeit zu lassen, ihn anzustarren – und jetzt geschah genau dies, eben gerade dadurch, dass er „über Punkt" kam, und er fühlte die Blicke der vielen Menschen im Raum peinigend auf sich. Ohne jemand Bestimmtes anzusehen, mit gesenktem Kopf, nickte er einen Gruß zu der im Geviert aufgestellten Tafel, an der vierzig oder fünfzig Gäste sitzen mochten. Rechts entdeckte er Familie Tietze, Meno daneben, Onkel Ulrich und seine Frau Barbara, Alice und Sandor. Anne saß neben dem Vater und dem Chefarzt der Chirurgischen Klinik an der Stirnseite der Tafel. Auch Großvater Rohde und Emmy, Christians und Roberts Großmutter väterlicherseits, konnte er entdecken, als er, immer noch puterrot und mit

Fortsetzung auf Seite 55

vor Scham gerunzelter Stirn, zu den Sitzenden hinschielte. Hätte es eine Möglichkeit gegeben, unsichtbar die Strecke bis zu dem freien Platz zwischen Ezzo und Robert, am Ende der Tafel, zurückzulegen, und auf dem Stuhl ebenso einfach wie plötzlich und von niemandem weiter bemerkt zu *erscheinen* – er hätte sich dieser Möglichkeit ohne zu zögern bedient. So war er dem untersetzten, wohlbeleibten Chefarzt Müller dankbar, dass er in diesem Moment aufstand und mit einem Löffel gegen das Weinglas tippte, das vor ihm stand, worauf sich die Köpfe der Anwesenden wandten. Ezzo hatte inzwischen behutsam den Stuhl nach hinten gehoben; Christian, auf dessen Gesicht die Röte langsam nachließ, setzte sich aufatmend und hängte, da er Annes missbilligenden Blick sehr wohl wahrgenommen hatte, den Beutel mit dem Barometer umständlich und übertrieben zur Seite gebeugt über die Stuhllehne, und was er mitnahm ins Abwenden, war der Ausdruck leiser Ironie in Menos Augen, denn Meno hatte ihm erst neulich vom Verhalten des Vogels Strauß erzählt: „Er steckt den Kopf in den Sand und wartet, da er glaubt, dass niemand ihn sehen könne. Denn er kann ja auch nichts sehen. Aber das“, hatte Meno hinzugefügt, „ist nichts für den Staatsbürgerkundelehrer, Christian. Vergleiche zwischen Tier- und Menschenwelt sind nur bedingt zulässig, so wahr ich Biologie studiert habe.“ Professor Müller war einen Schritt zurückgetreten, hielt den Kopf gesenkt, sodass die Doppelkinne über den Kragen seines blütenweißen Hemds quollen, und rieb sich, wozu seine uhuartig starken schwarzen Brauen hüpfende Bewegungen vollführten, nachdenklich die Wangen, die so glattrasiert waren, dass sie wie Speck glänzten. Die Manschette, die gegen den nachtblauen Anzug kreidig abstach, verrutschte und gab ein Büschel kräftigen schwarzen Haars frei, das sich bis auf den Handrücken und die untersten Fingerglieder fortsetzte. Am kleinen Finger der Rechten trug Müller einen Siegelring. Er hatte ein Stück Papier aus der Tasche gezogen, offenbar das Konzept einer Rede, hatte einen flüchtigen Blick darauf geworfen und steckte es nun mit einer desinteressierten Geste wieder ein. Dabei blieb es hängen, wie eine Klinge stak es mehrere Zentimeter aus der Anzugtasche heraus, sodass Müller mit einem zarten, doch bestimmten Fingerschnipp nachhelfen musste. Er räusperte sich, tupfte mit dem Siegelring die Oberlippe.

„Verehrter Jubilar, verehrte Gattin, Angehörige, Kollegen und Gäste. Schon Goethe sagte, dass die Fünfzig im Leben eines Mannes ein Datum von besonderer Bedeutung sei. Man zieht Bilanz, hält Rückschau, blickt auf das Erreichte, bedenkt das zu Erreichende. Die Periode des Sturm und Drang ist vorüber, man hat seinen Platz im Leben gefunden. Fortan ist, wie mein verehrter Lehrer Sauerbruch zu sagen pflegte, mit kontinuierlicher Zunahme nur bei einem Organ zu rechnen: der Vorsteherdrüse. Ausnahmen“, er streckte die Hand aus und ließ sie in der Luft abtropfen, „bestätigen natürlich, wie immer, die Regel.“ Chirurgenlachen: Platzhirschgebrüll; die Ehefrauen senkten die Köpfe.

Uwe Tellkamp

Der Körnerplatz in Dresden 1990

 Fortsetzung auf Seite 56

Augenblick und Unendlichkeit

Weihnachten bei der Lübecker Kaufmannsfamilie Buddenbrook in Thomas Manns gleichnamigem und mit dem Untertitel „Verfall einer Familie“ versehenen Roman: Am 24. Dezember empfängt die Konsulin Buddenbrook ihre Gäste. Ein riesiger Tannenbaum, wundervoll geschmückt mit Silberflitter und einem Engel an der Spitze, erfüllt den großen Saal mit seinem Duft. Doch inmitten von all dieser Opulenz deutet Thomas Mann bereits den Niedergang der Familie an, die zwischen dem Wunsch nach persönlichem Glück und dem Versuch, das Familienimperium zu erhalten, zerrieben wird.

In der Tat, das weihevolle Programm, das der verstorbene Konsul für die Feierlichkeit festgesetzt hatte, musste aufrechterhalten werden, und das Gefühl ihrer Verantwortung für den würdigen Verlauf des Abends, der von der Stimmung einer tiefen, ernsten und inbrünstigen Fröhlichkeit erfüllt sein musste, trieb sie rastlos hin und her – von der Säulenhalle, wo schon die Marien-Chorknaben sich versammelten, in den Esssaal, wo Riekchen Severin letzte Hand an den Baum und die Geschenktafel legte, hinaus auf den Korridor, wo scheu und verlegen einige fremde alte Leutchen umherstanden, Hausarme, die ebenfalls an der Bescherung teilnehmen sollten, und wieder ins Landschaftszimmer, wo sie mit einem stummen Seitenblick jedes überflüssige Wort und Geräusch strafte. Es war so still, dass man die Klänge einer entfernten Drehorgel vernahm, die zart und klar wie die einer Spieluhr aus irgendeiner beschneiten Straße den Weg hierherfanden. Denn obgleich nun an zwanzig Menschen im Zimmer saßen und standen, war die Ruhe größer als in einer Kirche, und die Stimmung gemahnte, wie der Senator ganz vorsichtig seinem Onkel Justus zuflüsterte, ein wenig an die eines Leichenbegängnisses.

Übrigens war kaum Gefahr vorhanden, diese Stimmung möchte durch einen Laut jugendlichen Übermutes zerrissen werden. Ein Blick hätte genügt, zu bemerken, dass fast alle Glieder der hier versammelten Familie in einem Alter standen, in welchem die Lebensäußerungen längst gesetzte Formen angenommen haben. [...]

Und die Kinder? Der ein wenig spärliche Nachwuchs? War auch er für das leis Schauerliche dieses so ganz neuen und ungekannten Umstandes empfänglich? Was die kleine Elisabeth betraf, so war es unmöglich, über ihren Gemütszustand zu urteilen. In einem Kleidchen, an dessen reichlicher Garnitur mit Atlasschleifen man Frau Permaneders Geschmack erkannte, saß das Kind auf dem Arm seiner Bonne, hielt seine Daumen in die winzigen Fäuste geklemmt, sog an seiner Zunge, blickte mit etwas hervortretenden Augen starr vor sich hin und ließ dann und wann einen kurzen, knarrenden Laut vernehmen, worauf das Mädchen es ein wenig schaukeln ließ. Hanno aber saß still auf seinem Schemel zu den Füßen seiner Mutter und blickte gerade wie sie zu einem Prisma des Kronleuchters empor ...

„Verfall einer Familie“ ist der Untertitel des Romans. Auch Sohn Christian (oben) kann die Familienehre nicht retten. Er ist ein Lebemann, lässt sich vom Standesdenken seiner Familie nicht beeinflussen und flüchtet sich in Abenteuer.

Christian fehlte! Wo war Christian? Erst jetzt im letzten Augenblick bemerkte man, dass er noch nicht anwesend sei. Die Bewegungen der Konsulin, die eigentümliche Manipulation, mit der sie vom Mundwinkel zur Frisur hinaufzustreichen pflegte, als brächte sie ein hinabgefallenes Haar an seine Stelle zurück, wurden noch fieberhafter ... Sie instruierte eilig Mamsell Severin, und die Jungfer begab sich an den Chorknaben vorbei durch die Säulenhalle, zwischen den Hausarmen hin über den Korridor und pochte an Herrn Buddenbrooks Tür.

Gleich darauf erschien Christian. Er kam mit seinen mageren, krummen Beinen, die seit dem Gelenkrheumatismus etwas lahmten, ganz gemächlich ins Landschaftszimmer, indem er sich mit der Hand die kahle Stirne rieb.

„Donnerwetter, Kinder“, sagte er, „das hätte ich beinahe vergessen!“

„Du hättest es …“, wiederholte seine Mutter und erstarrte …

„Ja, beinah vergessen, dass heut' Weihnacht ist … Ich saß und las … in einem Buch, einem Reisebuch über Südamerika … Du lieber Gott, ich habe schon andere Weihnachten gehabt …“, fügte er hinzu und war soeben im Begriff, mit der Erzählung von einem Heiligen Abend anzufangen, den er zu London in einem Tingel-Tangel fünfter Ordnung verlebt, als plötzlich die im Zimmer herrschende Kirchenstille auf ihn zu wirken begann, sodass er mit krausgezogener Nase und auf den Zehenspitzen zu seinem Platze ging.

„Tochter Zion, freue dich!“, sangen die Chorknaben, und sie, die eben noch da draußen so hörbare Allotria getrieben, dass der Senator sich einen Augenblick an die Tür hatte stellen müssen, um ihnen Respekt einzuflößen, – sie sangen nun ganz wunderschön. Diese hellen Stimmen, die sich, getragen von den tieferen Organen, rein, jubelnd und lobpreisend aufschwangen, zogen aller Herzen mit sich empor, ließen das Lächeln der alten Jungfern milder werden und machten, dass die alten Leute in sich hineinsahen und ihr Leben überdachten, während die, welche mitten im Leben standen, ein Weilchen ihrer Sorgen vergaßen.

Thomas Mann

Aufgaben

2. Untersuchen Sie die Zeitgestaltung in beiden Textausschnitten.
   Wie wirkt das Verhältnis von Erzählzeit und erzählter Zeit auf den Leser?

3. Erläutern Sie, wie das Zuspätkommen in beiden Texten dargestellt und die Situation anschließend aufgelöst wird. Achten Sie dabei auf die Wahrnehmung des „Fauxpas“ durch die Figur und deren Umfeld.

4. Vergleichen Sie die Figurengestaltung Christians bei Thomas Mann und Uwe Tellkamp und halten Sie Gemeinsamkeiten und Unterschiede fest.

5. Beide Autoren schildern in ihren Romanen den Verfall einer Familie bzw. einer Staats- und Gesellschaftsform. Welche Anzeichen der Degeneration entdecken Sie in den Textauszügen?

 Fortsetzung auf Seite 58

Aufgaben

6. Uwe Tellkamp hat die folgende Hommage auf Thomas Mann verfasst.
Was schätzt er an seinem „literarischen Vorbild" und wie bringt er das zum Ausdruck?
Tipp: Lesen Sie den Text gemeinsam und lösen Sie dabei möglichst viele der Anspielungen auf (Babylon?, Garn?, Zauberer? usw.).

DAS BABYLONISCHE SPRACH-ATELIER

Garn, das in der Zauberer Inc. Verwendung findet, wird immer geprüft und für wohlgesponnen befunden worden sein, um in Muße und völliger Zurückgezogenheit (wenn auch müde manchmal, sehr müde), nachdem es differencirt, gehechelt (sollte es vom Flachse sein) und zu fein-feinem Haar gekämmt wurde, zu Tuchen verwebt zu werden, die exclusiver Kundschaft, Sorgenkindern des Lebens, mit aller Bestimmtheit (wollen wir versichern) und doch zugleich mit jener Ruhe angemessen werden, die eine wahrhaft epische zu nennen der freundwillige Sinn nicht verfehlen sollte, ist sie doch, wie wir verstehen, Rock und Stock der Kälte nicht, sondern, im Grunde, Ein und Aus heimlicher Wärme, die die Schönheit angeschaut mit Augen, dergestalt, dass das Tuch, mag es auch von historischem Edelrost überzogen sein, eine luxuriöse, gleichsam atmende, echo-reiche, immer ausgehörte, unverwechselbar-unnachahmliche (denn Stil ist Haltung, und Haltung ist Welt, und seine Welt ist versunken) englisch bequeme Beschaffenheit annimmt, zugleich immer – und auch dies versieht es, wenn wir den Begriff nicht verschmähen, mit seinem Logo – überduftet wird vom sanften und teuren Arom flachländischer Maria-Mancini-Cigarren, dann und wann ein Tropfen Veilchenwasser; und mag er auch (um das Garn wiederaufzunehmen und als roten Faden in den tiefen Brunnen der Vergangenheit zu senken) in der Mittagspause spazieren gegangen und bekümmert gewesen sein über Risse im Knauf der Elfenbeinkrücke, so hatte doch die Amme nicht die Schuld, vielmehr eine bedeutende Abgezogenheit in das Universum der Knöpfe: welche dazu beitragen, das Tuch so zu schichten, dass es eins und doppelt wird, Textus (gekostet, soll er auf der Zunge zergehen wie die Genüsse der Huysmans'schen Getränke-Orgel: Schwertlilien, Orchideen: Hauch wie von faulenden Wassern, und Maréchal-Niel-Rosen verzaubern ins Gezüchtet-Exotische, was, wir versichern Sie, ernste Beurteiler vermochte, diejenigen Candidaten, welche spöttisch verschlossenen Mundes, genitivus qualitatis, abseitsstanden und dem Tode Herrschaft einräumten über ihre Gedanken, als auf dem Weg zum Friedhof endgültig befindlich zu betrachten), – Textus also, der die Wonnen des Einkreisens kennt und, nicht unser ist die Pedanterie, genitivus possessivus, auch sich selbst in Parallelismus und Chiasmus, mit Gedächtnisstützen, Anaphern, purple patches, Anadiplosen, Hyperbata, freilich ebenso – und beinahe mehr noch, sind wir versucht zu sagen – die Wonnen des exakten Zuschnitts, der scharf-kühlen Analyse, wer im Reiche zu bügeln versteht und wer nicht, wer über flanellenen Flaus die Schneiderkreide streichen darf; die Wonnen des mot juste, das zitternd stecken bleibt in der Mitte der Redeblume („absolut." – „erledigt."), sodass wir, die wir respektvoll und erschüttert die Nachricht seines 50. Todestags empfingen, uns nur verneigen können vor der Opulenz jener verschollenen Schneiderkunst, die doch, da sie Unordnung und frühes Leid erfuhr, mehr verschweigt als verspricht, und wenn nicht verkannt von den Verächtern der genauen, geduldigen Nadelarbeit, so doch beschützt von derber Elle in der Ecke (wie hieß die skribelnde Niedertracht? – Erledigt.) Glockenschall, Glockenschwall anstimmen lässt supra urbem, dass es den Vätern und S. Fischer und uns, den Amüsablen, eine Freude ist.

Uwe Tellkamp

7. „Entschleunigung" ist in unserer Zeit zum Modewort geworden.
Schildern Sie ein alltägliches Ereignis, z. B. das Warten auf den Bus, und dehnen Sie dabei die Erzählzeit.

8. Überprüfen Sie Ihre Ergebnisse mit Hilfe von Seite 59.

Fortsetzung von Seite 58

Hinweise zu den Autoren

Uwe Tellkamp wurde 1968 in Dresden geboren. Er ist Arzt und Schriftsteller. Um in der DDR Medizin studieren zu können, musste er sich nach dem Abitur zu einem dreijährigen Wehrdienst in der NVA verpflichten. In dieser Zeit fällt die Berliner Mauer. Sein Studium bringt er in New York und der BRD zu Ende. Zu Gunsten der Schriftstellerei gab er 2004 den Arztberuf auf. Tellkamp veröffentlichte zahlreiche Beiträge in Literaturzeitschriften sowie Essays für Zeitungen. Für Aufsehen sorgte er mit den beiden Romanen *Der Schlaf der Uhren* und *Der Eisvogel.* Der Durchbruch erfolgte 2008 mit dem Erscheinen seines Romans *Der Turm*, für den er mit dem Deutschen Buchpreis ausgezeichnet wurde.

Thomas Mann (1875 bis 1955) zählt zu den bedeutendsten Schriftstellern des 20. Jahrhunderts. Geboren wurde er in Lübeck als Sohn eines Kaufmanns und Senators und lebte dort bis zu seinem 23. Lebensjahr. Mit den *Buddenbrooks* setzte er seiner Heimatstadt ein literarisches Denkmal, sorgte aber unter den Lübecker Bürgerinnen und Bürgern und insbesondere unter seinen Verwandten, die sich in seinen Figuren wiedererkannten und verunglimpft sahen, auch für reichlich Unmut. Die *Buddenbrooks* erreichten weltweite Aufmerksamkeit und waren von Anfang an ein beachtlicher Verkaufserfolg, noch zwischen 1990 und 2000 verkauften sich um die 350 000 Exemplare. – 1929 erhielt Thomas Mann den Nobelpreis für Literatur. Ab 1933 lebte er als entschiedener Gegner des Nationalsozialismus im Exil, zuerst in der Schweiz, dann in den USA. Erst 1952 kehrte Mann nach Europa zurück, wo er 1955 in Zürich verstarb.

Hinweise zu den Aufgaben

Der Turm wird mit verschiedenen Werken Thomas Manns verglichen, z. B. mit *Tonio Kröger* und *Der Zauberberg*, am augenfälligsten jedoch sind in der Darstellung von Verfall (der Firma oder des Staates) und Familiengeschichte die Parallelen zu den *Buddenbrooks*. Die Namensgleichheit der Protagonisten ist dabei nur eine oberflächliche Koinzidenz. Eine eingehendere Untersuchung fördert auch auf der sprachlich-stilistischen Ebene und in der Gestaltung einzelner Szenen bis ins Detail gehende Ähnlichkeiten zu Tage.

Die Zeit wird in beiden Textausschnitten gedehnt (d. h., die Erzählzeit ist länger als die erzählte Zeit). Thomas Mann macht durch seine Abschweifungen und Kommentare das Warten der Anwesenden geradezu physisch spürbar, während Tellkamp den Moment der Peinigung seines Protagonisten in die Länge zieht. Bis Christian endlich Platz nehmen und aufatmen kann, nimmt er nicht nur zahlreiche Feiergäste wahr, sondern reflektiert auch über seine Situation.

Obwohl die Zeit der DDR abläuft, scheint sie im Roman *Der Turm* – einem Elfenbeinturm, in den man sich auf der Flucht vor der gesellschaftlichen Realität zurückzieht – stillzustehen, wie bei einer „Schallplatte mit Sprung“ – so die Wahrnehmung Christian Hoffmanns.

Beide Protagonisten erleiden übrigens ein vergleichbar trauriges Schicksal: Christian Buddenbrook wird in eine psychiatrische Anstalt gebracht, Christian Hoffmann resigniert über der Reinigung von Schaufelradbaggern in einer Fabrik.

Von Automaten und Augen – männliche und weibliche Blicke

Gibt es das: einen weiblichen und einen männlichen Blick? Die beiden folgenden Texte werfen diese Frage (nicht nur in der Zusammenschau) auf. Zunächst geht es um den – im wahrsten Sinne des Wortes – ersten Blick einer Frau, dann um die stark getrübte Wahrnehmung eines Mannes.

Aufgabe

1. Lesen Sie die Texte auf den Seiten 60 bis 63.

Alissa Walser erzählt in ihrem ersten Roman „Am Anfang war die Nacht Musik" von zwei Personen der Zeitgeschichte. Die eine, Franz Anton Mesmer (1734–1815), Arzt und Begründer der nach ihm benannten Lehre vom tierischen Magnetismus, lebt in Wien und sucht nach wissenschaftlicher Anerkennung für seine umstrittenen Heilmethoden. Die andere, Maria Theresia Paradis (1759–1824), im Alter von drei Jahren erblindet, europaweit bekannte Pianistin und Sängerin, setzt ihre Hoffnung auf Heilung auf den weithin berühmten, von der zeitgenössischen Medizin aber als Scharlatan angesehenen Mesmer. Als Mesmer das blinde Mädchen in sein magnetisches Spital aufnimmt, ist sie zuvor von unzähligen Ärzten beinahe zu Tode kuriert worden. Mesmer ist überzeugt, ihr endlich helfen zu können, und hofft insgeheim, durch diesen spektakulären Fall die ersehnte Anerkennung der akademischen Gesellschaften zu erlangen. Auch über ihre gemeinsame tiefe Liebe zur Musik kommen sich Arzt und Patientin immer näher, und bald gibt es erste Heilerfolge. Im folgenden Textauszug wird der Moment geschildert, in dem Maria den Arzt zum ersten Mal mit ihren eigenen Augen sieht.

Er beginnt sich zu bewegen. Wiegt sich in den Hüften. Verlagert das Gewicht von einem aufs andere Bein. Hebt Arme, Hände in weißen Handschuhen. Zeichnet Ornamente in die Luft. Wie die orientalische Tänzerin, von der Messerschmidt aus Rom berichtete. So tanzt er. Wie auf langsamste Musik.

Augen auf. Sagt er.

Sie gehorcht.

Zum ersten Mal sieht er ihren Blick auf sich. Wie er auf ihn fällt. Und wie ihr Kopf diesem Blick folgt. In klitzekleinen, echohaften Bewegungen. Und die Fülle ihrer Aufmerksamkeit. Und wie es sie anstrengt, ihre Gedanken von allem, was war und was sein wird, abzuziehen. Sehen strengt sie sichtlich an. Sie ahnt, dass von dem Grad ihrer Aufmerksamkeit ihre Erkenntnis abhängt, notiert er im Kopf.

Sie sagt nichts. Was soll sie auch sagen.

Er beginnt sich zu drehen. Langsam, unmerklich wie die Erdkugel.

Sie hält den Kopf ruhig, blinzelt. Eine Weile. Eine ganze schweigende Weile lang lässt sie ihn gewähren.

O Gott, wie fürchterlich, sagt sie dann. Wendet sich ab. Die Hände schnellen vors Gesicht.

Ob sie Schmerzen habe.

Sie erstarrt. Verfällt in einen Krampf … Sie weint? Er geht zu ihr. Nein, Gott sei Dank. Sie weint nicht. Aber was … Er hält inne. Beobachtet, wie sie zwischen den Fingern hindurchblinzelt. Ein nächster Krampf erfasst sie.

Zu viel des Guten, will er wissen. Ob sie ihn …?

Ihr Körper schüttelt sich. Sie kann nicht sprechen. Sie lacht. Bebt vor Lachen.

Bei meinem Anblick, notiert er im Kopf, zeigen ihre Nerven eine Reaktion völliger Überreizung.

Was denn so komisch sei, sagt er.

Er wartet. Bis sich der Aufruhr legt.

Nein … Nur… dieses Dings da.

Was sie meine?

Na, dieses … dies anstößige Ding da, sagt sie … da … in Ihrem Gesicht …

Das ist meine Nase.

Ein lautloser Lachkrampf, der ihren Leib erschüttert.

Entschuldigung. Das sieht so merkwürdig aus, gefährlich, sagt sie, und lustig, diese Nase … als drohe sie mir. Als wolle sie mir die Augen ausstechen. Sie krümmt sich. Kniet nieder. Klemmt die gestreckten Arme zwischen die Schenkel. Sie kann weder sprechen noch schweigen. Richtet sich auf. Streckt die Arme nach ihm. Nach seiner Nase.

Er macht einen Schritt auf sie zu.

Um Gottes willen! Sie weicht zurück. Er solle stehen bleiben! Er werde sie erstechen mit dem Dings da.

Kaum rührt er sich, lacht sie. Und lacht. Bekommt kaum Luft. Das Lachen verselbstständigt sich. Ohne Luft, notiert er, und ohne dass etwas lustig ist.

Fortsetzung auf Seite 61

Fortsetzung von Seite 60

Wie soll er es nennen? Ein unterirdisches Erdbeben, eine Lawine. Eine hysterische Gewalt aus dem heiteren Himmel der dunklen Natur.

Sie ringt um Luft. Er ruft den Hund zu Hilfe, der unterm Tisch so tut, als schlafe er.

Augenblicklich beruhigt sie sich. Lockt den Schwarzen mit ihren Händen und höchsten, süßesten Tönen. Komm schon. Sie schnalzt mit der Zunge. Na komm, kleiner Teufel.

Sie hält ihm die geschlossene Hand hin, lässt ihn schnuppern. Öffnet sie, um ihn zu streicheln. Als er weg will, zu Mesmer hin, hält sie ihn am Halsband. Bleib, stures Vieh. Und dann: Ich glaube, Hunde sind schöner als Menschen. Schon allein die Nase. Dem Hund stehe sie. Sie passe in sein Gesicht. Besser als Mesmers in Mesmers. Ob er wisse, wovon sie spreche?

Na ja …, sagt er. Im Prinzip. Vielleicht. Und: Gratuliere.

Er könnte sie umarmen, sich umarmen. Er hat es geschafft.

Gratuliere.

Er wiederhole sich.

Das sei die Bedingung eines solchen Moments, sagt er und schaut, wie sie ihn ansieht.

Sie habe es geschafft, sagt er.

Woher er das wisse?

Er sehe es.

Da sehe er mehr als sie.

Das läge in der Natur der Sache. Darüber solle sie sich keine Sorgen machen. Es hat nichts mit den Augen zu tun. Und: Morgen kommen Ihre Eltern.

Morgen, sagt sie. Du meine Güte. Morgen. Schon. Das ist aber bald.

Ja, sagt er. So bald habe er damit auch nicht gerechnet.

Ob sie dann von hier fortmüsse?, sagt sie.

Sie müsse gar nichts, sagt er. Das sei jetzt der dritte Durchbruch. Und keineswegs der drittgrößte. Auch wenn, was nun auf sie zukomme, kein Zuckerschlecken sei. Die entscheidenden Schritte habe sie bereits getan.

Und die kleinen?

Ihre Augen seien zu allem fähig, sagt er. Zunächst aber müssen sie wieder Sehen lernen. Sie müssen sich beleben. Sie müsse ihre Muskulatur trainieren. Dabei sei er gern behilflich. Es käme einiges auf sie zu.

Hilfe, sagt sie. Was denn noch?

Die Tatsache, dass sie sehen könne, werde für die meisten etwas Ungewöhnliches sein. Etwas wie ein Wunder. Und wie er die Lage einschätze, würden viele sie sehen wollen. Um sich mit eigenen Augen von ihrer Sehkraft zu überzeugen.

Ob man ihr das denn ansehen könne?, sagt sie.

Nicht kirre machen lassen, sagt er. Es braucht mehr als die Kraft der Muskeln, die Welt so zu sehen, dass sie einen erkennt.

Auch wenn sie wisse, sagt sie, dass er das Gegenteil wolle, jetzt mache er ihr aber Angst.

Angst?, sagt er. Die dunkle Angst vor dem Licht? Oder die grelle vor dem Dunkel?

Alissa Walser

Fortsetzung auf Seite 62

Fortsetzung von Seite 61

Von Automaten und Augen – männliche und weibliche Blicke

In E. T. A. Hoffmanns Novelle „Der Sandmann“ kämpft der Student Nathanael mit den Ängsten aus seiner Kindheit und den Gefahren der Gegenwart. Die unheimliche Figur Coppelius (ital. coppo: Augenhöhle) aus einem Albtraum, der ihn seit dem gewaltsamen Tod seines Vaters begleitet, taucht in der Gestalt des Wetterglashändlers und Optikers Coppola wieder auf. Dieser verkauft Nathanael ein „Perspektiv“ (ein Fernrohr, d. h. hier ein fremdes Auge), durch das er die Automatenfrau Olimpia sieht. Nathanael verliebt sich in Olimpia und stürzt in eine seelische Krise, als er ihre wahre Natur – also ihre Künstlichkeit – erkennt. Am Ende begeht er in einem Anfall von Wahnsinn Selbstmord.

Nathanael fand eine Einladungskarte und ging mit hochklopfendem Herzen zur bestimmten Stunde, als schon die Wagen rollten und die Lichter in den geschmückten Sälen schimmerten, zum Professor. Die Gesellschaft war zahlreich und glänzend. Olimpia erschien sehr reich und geschmackvoll gekleidet. Man musste ihr schön geformtes Gesicht, ihren Wuchs bewundern. Der etwas seltsam eingebogene Rücken, die wespenartige Dünne des Leibes schien von zu starkem Einschnüren bewirkt zu sein. In Schritt und Stellung hatte sie etwas Abgemessenes und Steifes, das manchem unangenehm auffiel; man schrieb es dem Zwange zu, den ihr die Gesellschaft auflegte. Das Konzert begann. Olimpia spielte den Flügel mit großer Fertigkeit und trug ebenso eine Bravour-Arie mit heller, beinahe schneidender Glasglockenstimme vor. Nathanael war ganz entzückt; er stand in der hintersten Reihe und konnte im blendenden Kerzenlicht Olimpias Züge nicht ganz erkennen. Ganz unvermerkt nahm er deshalb Coppolas Glas hervor und schaute hin nach der schönen Olimpia. Ach! – da wurde er gewahr, wie sie voll Sehnsucht nach ihm herübersah, wie jeder Ton erst deutlich aufging in dem Liebesblick, der zündend sein Inneres durchdrang. Die künstlichen Rouladen schienen dem Nathanael das Himmelsjauchzen des in Liebe verklärten Gemüts, und als nun endlich nach der Kadenz der lange Trillo recht schmetternd durch den Saal gellte, konnte er, wie von glühenden Armen plötzlich erfasst, sich nicht mehr halten, er musste vor Schmerz und Entzücken laut aufschreien: „Olimpia!“ – Alle sahen sich um nach ihm, manche lachten. Der Domorganist schnitt aber noch ein finstreres Gesicht als vorher und sagte bloß: „Nun, nun!“ – Das Konzert war zu Ende, der Ball fing an. Mit ihr zu tanzen! – mit ihr!, das war nun dem Nathanael das Ziel aller Wünsche, alles Strebens; aber wie sich erheben zu dem Mut, sie, die Königin des Festes, aufzufordern? Doch! – er selbst wusste nicht, wie es geschah, dass er, als schon der Tanz angefangen, dicht neben Olimpia stand, die noch

Fortsetzung auf Seite 63

Fortsetzung von Seite 62

Von Automaten und Augen – männliche und weibliche Blicke

nicht aufgefordert worden, und dass er, kaum vermögend einige Worte zu stammeln, ihre Hand ergriff. Eiskalt war Olimpias Hand, er fühlte sich durchbebt von grausigem Todesfrost, er starrte Olimpia ins Auge, das strahlte ihm voll Liebe und Sehnsucht entgegen, und in dem Augenblick war es auch, als fingen an in der kalten Hand Pulse zu schlagen und des Lebensblutes Ströme zu glühen. Und auch in Nathanaels Innern glühte höher auf die Liebeslust, er umschlang die schöne Olimpia und durchflog mit ihr die Reihen. – Er glaubte sonst recht taktmäßig getanzt zu haben, aber an der ganz eignen rhythmischen Festigkeit, womit Olimpia tanzte und die ihn oft ordentlich aus der Haltung brachte, merkte er bald, wie sehr ihm der Takt gemangelt. Er wollte jedoch mit keinem andern Frauenzimmer mehr tanzen und hätte jeden, der sich Olimpia näherte, um sie aufzufordern, nur gleich ermorden mögen. Doch nur zweimal geschah dies, zu seinem Erstaunen blieb darauf Olimpia bei jedem Tanze sitzen, und er ermangelte nicht, immer wieder sie aufzuziehen.

E. T. A. Hoffmann

Aufgaben

2. Beschreiben Sie die Beziehung zwischen den Paaren in den beiden Textauszügen und stellen Sie Gemeinsamkeiten und Unterschiede fest.

3. In beiden Texten werden Blicke gewechselt: Was unterscheidet jeweils den männlichen vom weiblichen Blick? Notieren Sie.

4. Im „Sandmann" werden eindeutige Signale gesetzt, die Olimpia als Automaten kennzeichnen. Warum erkennt Nathanael dies nicht? Begründen Sie Ihre These.

5. Notieren Sie, inwiefern auch in Alissa Walsers Text auf das Automatenmotiv angespielt wird. Beachten Sie dazu auch die folgenden Informationen zum Mesmerismus:

Mesmerismus bezeichnet eine von Franz Anton Mesmer „animalischer Magnetismus" genannte menschliche Kraft und seine darauf basierende Behandlungsmethode. 1771 glaubte Mesmer ein unsichtbares Prinzip entdeckt zu haben, von ihm „Fluidum" oder auch „Lebensfeuer" genannt, welches seiner Ansicht nach das All und sämtliche Organismen durchflutete. Stockte die Zirkulation des Fluidums, wurde der Mensch krank. Mit Hilfe von Heilern (Magnetiseuren) und oft unter Hypnose konnte die Zirkulation jedoch wieder in Gang gesetzt werden und der kranke Mensch genas.
Literarisch verarbeitet wird der Mesmerismus v. a. in der Epoche der Romantik. Eine entscheidende Rolle hat dabci die Nähe des hypnotischen Bewusstseinszustands zum Traum gespielt, dem zu dieser Zeit eine besondere Bedeutung zugesprochen wurde. Ein Werk, in dem der animalische Magnetismus auftaucht, ist *Der Magnetiseur* von E. T. A. Hoffmann.

Büste Mesmers von F. X. Messerschmidt

6. Schreiben Sie eine kurze Romanszene, in der es ebenfalls um den „ersten Blick" geht.

7. Überprüfen Sie Ihre Ergebnisse zu den Aufgaben 2 bis 5 mit Hilfe von Seite 64.

 Fortsetzung auf Seite 64

Hinweise zu den Autoren

Alissa Walser (eine Tochter des Schriftstellers Martin Walser) studierte in New York und Wien Malerei. Seit 1987 lebt sie in Frankfurt am Main. Für ihre Erzählung *Geschenkt* wurden ihr 1992 der Ingeborg-Bachmann-Preis und der Bettina-von-Arnim-Preis verliehen. 1994 erschien ihr Buch *Dies ist nicht meine ganze Geschichte*, im Frühjahr 2000 folgte der Erzählband *Die kleinere Hälfte der Welt*. Als Übersetzerin hat Alissa Walser außerdem die Tagebücher von Sylvia Plath sowie Theaterstücke u. a. von Joyce Carol Oates, Edward Albee, Marsha Norman und Christopher Hampton ins Deutsche übertragen. 2009 erhielt sie für ihre Übersetzung der Gedichte Sylvia Plaths den Paul-Scheerbart-Preis. 2010 erschien ihr Roman *Am Anfang war die Nacht Musik*.

Ernst Theodor Amadeus Hoffmann (1776–1822) war Dichter und Komponist, Musikkritiker, Karikaturist, Maler und Zeichner in der Epoche der Hochromantik. Charakteristisch für E. T. A. Hoffmann ist die Antinomie zwischen Normalität und Wahn, Realität und Fantasiewelt, Bürgerlichkeit und Exzentrik. Hoffmanns Fantasiewelten, mit denen er programmatisch den Boden der alltäglichen Wirklichkeit verlässt, sind meist ambivalent, zauberhaft und zugleich bedrohlich. In manchen seiner Werke bedient er sich virtuos der Stilmittel der Schauerromantik.

Hinweise zu den Aufgaben

Zu 2: Im *Sandmann* liegt eindeutig ein erotisches Begehren von Seiten Nathanaels vor. Olimpia erscheint ihm als idealisiertes Liebes- und Lustobjekt und er meint, auch bei ihr einen leidenschaftlichen „Liebesblick" zu erkennen. Nicht so eindeutig erotisch bestimmt scheint die Beziehung zwischen dem Arzt Mesmer und seiner Patientin Maria zu sein. Mesmer sieht das Fräulein Paradis mit den Augen des Therapeuten, der sich durch einen Heilerfolg die sehnlich gewünschte wissenschaftliche Anerkennung erhofft. Allerdings ist das Verhältnis nicht frei von erotischen Komponenten. Mesmer wiegt sich vor Maria kokett und tänzerisch in den Hüften und möchte sie nach ihrem ersten Blick auf ihn am liebsten umarmen. Umgekehrt hat auch die erste vordergründig humoristische Reaktion Marias auf die lange Nase Mesmers, dieses „anstößige Ding", mit dem er sie zu „erstechen" droht, durchaus sexuelle Konnotationen.

Zu 3: Der Blick Nathanaels auf Olimpia ist geprägt von männlich-erotischem Begehren, ein Blick des blinden Triebs, der die Frau nur als Lustobjekt wahrnimmt. Die Frau dient ihm als Projektionsfläche der eigenen narzisstischen Selbstliebe, in die er eine korrespondierende Reaktion nur hineindeutet. Er besetzt die tote Puppe mit seinem Blick und erweckt sie gleichsam dadurch zum Leben, dass er ihre Maschinenhaftigkeit zu einem fetischistischen Idealbild von Weiblichkeit uminterpretiert. Im Romanauszug Walsers wird vor allem der erste Blick der von ihrer Blindheit genesenden Maria Paradis auf Mesmer thematisiert: Ihr Blick ist auf ein grotesk und humorvoll wirkendes Detail, die kräftige Nase Mesmers, fixiert. Diese Nase hat aber für das Mädchen gleichzeitig etwas Unheimliches und Bedrohliches. Ihre Reaktion auf das Erkennen des Mannes in der Form eines ambivalent besetzten Körperteils schwankt zwischen Belustigung und Angst, es mischen sich kindliche Naivität, weibliches Erschrecken und ironische Distanz.

Zu 4: Nathanael nimmt Olimpia durch das verhängnisvolle „Glas" Coppolas wahr, das in der gesamten Erzählung als Symbol der Welt- und Selbstverkennung des Protagonisten fungiert und ihn am Schluss in den Wahnsinn treibt. Psychologisch betrachtet ist dieses mysteriöse „Perspektiv" als mechanisches Äquivalent der narzisstischen Verrücktheit Nathanaels anzusehen, seiner Befangenheit in zunächst kindlichen Angstträumen und später männlichen Phantasmagorien.

Zu 5: Die knapp achtzehnjährige Maria Paradis wird Mesmer von ihrem Vater vorgeführt, ihre Augen erscheinen ihm „wie ein irre gewordener Automat", ihr Mund wirkt verschlossen. Danach wird ihr als Medium der mesmeristisch-hypnotischen Behandlung durch ihren Therapeuten zumindest partiell der eigene Wille genommen, sie bewegt sich „echohaft" und „sie sagt nichts. Was soll sie auch sagen".

Teufelszeug – postmoderner Wirrwarr?

„Das also war des Pudels Kern!" – Die Weltliteratur steckt voller kleiner und großer, eingebildeter und „echter" Teufel. Der bekannteste (auf den auch die beiden folgenden Texte, jeder auf seine Art, anspielen) findet sich wohl in Goethes „Faust". Es ist Mephistopheles, der von sich selbst sagt, er sei „ein Teil von jener Kraft, die stets das Gute will und stets das Böse schafft".

Aufgabe

1. Lesen Sie die beiden Texte auf den Seiten 65 bis 69.

Helmut Krausser schildert in seinem Roman „Der große Bagarozy" eine teuflische Liebesgeschichte: Nachdem zwei ihrer Patienten gerade Selbstmord begangen haben, sitzt am Schreibtisch der Psychotherapeutin Cora Dulz nun ein Mann, der erzählt, wie ihm Maria erschienen ist – nicht die Mutter Gottes, sondern die „göttliche", 1977 verstorbene Maria Callas. Cora nimmt zunächst an, es hier wieder einmal mit einem hoffnungslosen Fall zu tun zu haben, und hört ihrem Patienten daher nur mit halber Aufmerksamkeit zu, kann sich aber dem Bann dieses seltsamen Mannes auf Dauer doch nicht entziehen.

„Schauen Sie sich all die Menschen an. Verlangen vom Leben nichts, was nicht mit einem vollen Magen, einer schönen Wohnung und drei Orgasmen pro Woche abgeleistet wäre. Hinzugerechnet Gesundheit, später Tod und gutes Fernsehprogramm. Wer will's ihnen verübeln? Aber im Sinne des Welttheaters ist so was indiskutabel. Im Vertrag des Menschen steht, er muss Akteur für alle sein und Publikum für alle. Und Langeweile kommt schnell auf …"

Die Guten bringen sich um, der Rest landet bei mir. Cora Dulz hatte Nagys Zurückweisung, wenige Tage her, nicht vergessen, wollte mit steinernen Lippen an ihm vorbeisehen, wie er am Fensterbrett des Behandlungszimmers lehnte und hinabphilosophierte. Es gelang ihr nicht recht. Sie fand, dass sich Nagy auf irgendeine Weise verändert hatte. Als wäre sein Gesicht anders angeleuchtet als zuvor, wirkte es wie ein Kunstwerk, von dem man glaubt, es sei speziell für einen selbst erschaffen worden, enthalte eine Mitteilung fürs künftige Leben.

„Maria war als Mädchen fett, unansehnlich, aufgequollen – mir ist das bewusst, Sie müssen nicht denken, ich wolle sie verklären, im Gegenteil, gerade das reizt mich so an ihr – das Trauma des hässlichen Entleins, das noch durch den Schwan schimmert. Diese Menschlichkeit, die sich gegen jede Heiligsprechung sträubt – sonst wär sie auch gar nicht interessant für mich. Eine Frau, die ausgebuht und angespuckt wurde, über die eine Runde von Kritikern Gericht gehalten und sie eine Hexe genannt hat, einen weiblichen Cagliostro, der Scheiße als Gold verkaufen wolle – das alles hat es gegeben, das alles ist nötig, Ikone wird man im Urinbad. Ich bin ihr überallhin gefolgt, sogar, wenn sie in einer Kirche sang, ich bin da gar nicht so …"

Der letzte Satz irritierte die Ärztin, sie wollte aber nicht darauf eingehen. Es musste mit dem Zuhören Schluss sein – nahm sie sich vor.

„Welche Beziehung haben Sie zu Ihrer Mutter?"

„Ich bin nicht hier, um über solchen Quatsch zu reden."

„Nein?"

„Ich bin bei meiner Großmutter aufgewachsen."

„Aha!" Cora sah die Basis für eine kommende Therapie bereits gelegt.

„Nein, Unsinn! War ein Witz."

„Was denn nun?"

„Ich muss Ihnen ein Geständnis machen."

„Ja?"

Nagy nahm Platz, verwandelte sich vom Gestus her in einen Volksschullehrer.

„Ich habe Sie angelogen. In nahezu allem. Es geschah in bester Absicht. Wollte Sie, sozusagen … auf mich vorbereiten …"

Cora hob, mehr aus Höflichkeit, die Brauen, entschloss sich gleich, sie wieder zu senken, um den Patienten nicht mit übertriebener Erwartungshaltung unter Druck zu setzen.

„Es beginnt damit, dass ich nicht dreißig bin."

„Sondern?"

„Älter."

„Wie viel älter?"

„Sehr viel älter."

„Lässt sich das numerisch ausdrücken?"

„Nein. Nein, ich weiß es nicht. Wirklich nicht."

„Aber –"

„Ich bin auch kein Kaufhausdetektiv, so heruntergekommen ich sonst sein mag. Jedenfalls nicht

Fortsetzung auf Seite 66

hauptberuflich. Ich habe nie in einem Haus gewohnt, mit Garten schon gar nicht. Hab auch nie Freunde gehabt. Nein."

Coras Brauen hoben sich diesmal ganz von selbst.

„Jeder Mensch hat Freunde."

„Ganz recht. Stimmt genau."

Stille entstand. Cora begriff nicht, was Nagy ihr mitteilen wollte.

„Und die Erscheinung?"

„Tja ... Wie soll ich sagen? Maria ... ich sehe sie wirklich. Nur – wann immer ich will! Ich will so oft. Dann steht sie da, fern, nicht zu berühren, fast wie damals, als sie noch einen Körper besaß. Sie ist nicht tot und nicht lebendig. Sie wohnt bei den Bildern, in einer Halle hinter der Sehnsucht. Ich habe Maria gut gekannt. Sie wusste davon nichts."

Nagy schien sich für das Folgende zu sammeln, indem er den Blick auf einem billigen Druck der Van Gogh'schen Sonnenblumen ruhen ließ und verkrampft lächelte, starr, beinah entseelt, bis ein Zucken durch seine Schultern ging, sich vom Kinn über die Mundwinkel fortsetzte und in einer gefalteten Stirn zum Stillstand kam.

„Mein Name ist nicht Stanislaus Nagy, beziehungsweise ist das nur eines vieler Pseudonyme, unter denen ich unterwegs bin."

Er machte eine arg schwere Pause, bis er die Ärztin fixierte. „Ich habe sie zeit ihres Lebens begehrt."

„Wen? Mich?"

„Nein. *Sie*. Maria."

„Aber ..."

„Wo sie auch war, war ich auch. So oder so. Dass sie ein Mensch war, starb und mir entglitt, das zerrt und reißt an mir, ist mein Trauma, hat mich beinah getötet. Lässt mich auch jetzt nur grade so am Leben, dass ich im Stande bin, eine Schrumpffassung meiner selbst durch die Welt zu schleppen. Ich erwarte mir keine Hilfe von Ihnen, noch Trost. Ich brauche jemanden, dem ich alles erzählen kann, der mir zuhört, weil er von Berufs wegen muss."

Cora Dulz konnte sich nicht entscheiden, ob sie das geehrte, neugierige, verständnisvolle oder abwartende Gesicht aufsetzen sollte. Heraus kam deshalb postmoderner Wirrwarr.

„Maria erregte mein Interesse ziemlich früh. Lange bevor sie auf einer Bühne auftrat. Ich weiß auch nicht, warum. Es war wie eine Ahnung ..."

„Was wollten Sie von ihr?"

„Ich hab gute Sängerinnen gesammelt."

„Natürlich ..." Cora probierte es anders: „Wie alt waren Sie *damals?"*

„Es gibt ein Foto von Maria, Gott und mir. Da. Der schwarze Pudel – das bin ich!"

„Nicht älter als heute."

„Das ist keine Antwort."

„Doch. Sogar eine sehr tiefsinnige."

„Glaub ich nicht. Möchten Sie über Ihre Kindheit reden?"

„Kind war ich nie. Zu Anfang war ich ein Gedanke. Später kamen Bilder. Bilder wurden Fleisch. Irgendwann ging die Vermenschlichung so weit ... Zu weit wahrscheinlich. Heute unterscheidet mich kaum etwas vom Idioten, für den Sie mich halten."

„Das tue ich nicht."

„Für krank halten Sie mich, mit Recht, ich bin krank. Aber vielleicht gehöre ich zu denen, die man zerstört, wenn man sie heilt."

„Wer sind Sie denn nun?"

Nagy stand auf, verschränkte die Hände auf dem Rücken und senkte die Stirn. „Na ja: – der Teufel – was man so nennt ..."

Cora nahm es gut gelaunt. „Warum haben Sie das nicht gleich gesagt?"

„Sie hätten mich für verrückt erklärt."

„Dafür bin ich doch da."

Noch hoffte sie, der Patient würde sich das alles ausdenken, sich einen riesigen Spaß mit ihr erlauben. Die Einsicht, dass er genauso übergeschnappt war, wie es den Anschein hatte, fiel ihr schwer.

„Ich hab die Lust am Bösen verloren. Es ist alles so langweilig. Jeden Tag hört man in den Nachrichten über Foltermeister, die viel fantasievoller sind als ich. Soll ich was Peinliches gestehen?"

„Was denn?"

Teufelszeug – postmoderner Wirrwarr?

„Es ist eines Teufels unwürdig, triefend sentimental, beinah mitleiderregend. Ich fürchte, Sie werden mich nie mehr ernst nehmen, wenn ich es sage …"

„Na los!"

„Ich möchte gerne mal zu jemandem zärtlich sein. Ihn mit den Fingerspitzen berühren, leise dazu flüstern, Honigwörter, jede Silbe ein gehauchter Kuss. Möchte jemanden streicheln, bezirzen, verwöhnen, alberne Scherze mit ihm machen, romantisches Liedgut auf den Lippen, all das – es reizt mich ungemein. Ich bin so oft grausam gewesen, hab die Geschichtsbücher mit Sauereien gefüllt, mir diabolischste Charaden ausgedacht – jetzt wär ich gerne einmal anders – ein Liebender, ein verseschreibender, mantelüberpfützenausbreitender Vorliebeblinder, ein schwürestammelndes, kitschnahes Etwas – ist das nicht hochnotpeinlich?"

Cora sah auf ihren Notizblock. „Kommt drauf an …"

„Wenn man Fische am Herzen spürt, taugt man zum Teufel nicht mehr. Manchmal denke ich, Maria wollte, dass ich meine Haut von mir würfe – als könnte anderes in mir sein als neue Schlangen."

Er steckte sich eine Zigarette an, saugte so gierig, dass seine Wangen Krater wurden.

„Ich erschien ihr als Verehrer, der um ein Autogramm bat, der es auch bekam, mehr aber nicht, kein echtes Lächeln, keinen Händedruck. Sie spürte immer, dass mit mir was nicht ‚in Ordnung war' – sozusagen … Ich benutzte die Gestalt von Kellnern, Liftboys, Journalisten und Jetsettern – nichts half. Kaum standen wir Sekunden beisammen, ging ein leichtes Kräuseln über ihre Stirn, verengten sich ihre Augen, und sie wickelte mich ab wie den denkbar lästigsten Pflichttermin. Maria konnte grausam sein. Einmal sagte sie zu mir – ich trat im weißen Blazer auf, als junger Aristokrat –, mir entströme ein strenger Geruch, der ihr Kopfschmerzen bereite! Sprach's und ließ mich stehen – als hätt ich in Blut und Schwefel gebadet! Was heilsam sein mag, aber gewiss nicht zu meinen Gepflogenheiten gehört. Das kaut auf meiner Ehre. Macht mich jetzt noch verrückt – nicht wahr? Bin ich verrückt?"

Er beugte sich weit über den Tisch.

„So verrückt, wie man sich's in meinem Beruf nur wünschen kann."

„Na also. Ich bezahl Sie schließlich nicht umsonst. Was wollen Sie tun?"

Cora – wo nichts zu sagen ist, muss man sich räuspern – machte eine diffuse Geste zwischen Ohnmacht und „mal sehen". Nagys Blick bohrte sich tief in ihre Schläfen, die heiß wurden.

„Der Rausch, den sie ihrer Ära bereitete, der Schauer, das Wirbelsäulenglissando – ihre Stimme war die zum akustischen Phänomen abstrahierte Liebe, die Essenz, das Destillat – ich nehme an, *Sie* hören keine Callas-Platten?"

„Nein …"

„Das war mir wichtig. Ich wollte meine Geschichte jemandem erzählen, der nicht andauernd verständnisvoll nicken muss. Wahrscheinlich haben Sie sich sogar nie im Leben für etwas wirklich begeistert … Hab ich recht?"

Man wolle beim Thema bleiben, antwortete Cora, was die Frage mehr bejahte, als ihr genehm war. Möbel, wie gesagt, mochte sie ganz gern. Als Teenager hatte sie ein bisschen für Robert Redford geschwärmt. Und Debbie Harry imitiert.

„Wenn die Sehnsucht so stark ist, obwohl das Ziel dieser Sehnsucht nie zu erreichen sein wird – das ist unvernünftig. Das ist Wahnsinn! Oder nicht? Ist es vielleicht sogar sehr vernünftig – weil damit ein anderes Versagen kaschiert wird? Die Welt braucht mich nicht mehr. Ich hätte gehen sollen, als Gott ging. Er war immer der bessere Verlierer. Wollen Sie mich begleiten? Es gibt da ein neues abchasisches Restaurant, mit hübschen kleinen Tischen."

Die Ärztin, beinah willenlos, nickte.

Helmut Krausser

Cora ist Nagys Charme erlegen, doch dieser spielt mit ihr und ihren Sehnsüchten: Mal zeigt er sich zugänglich, mal ist er wochenlang verschwunden. Cora schafft es aber immer wieder, ihn aufzuspüren, zuletzt in einem Nachtklub, wo er als der große Bagarozy auftritt. Im entscheidenden Moment erteilt er ihr aber eine Abfuhr und wirft ihr vor, ihr Körper sei „ein Massengrab verschenkter Möglichkeiten, erstickter Träume". Voller Wut fährt Cora nach Hause, bringt dort ihren Ehemann mit einer Pistole um und hetzt die Polizei auf Nagy. Die Fahndung nach dem geistesgestörten Patienten verläuft allerdings ergebnislos: Bei der Durchsuchung von Nagys Wohnung finden die Beamten nur einen schwarzen Pudel, der sofort davonläuft. Cora gibt ihre Praxis auf und lebt fortan von dem Geld, das die Lebensversicherung ihres Mannes ihr ausbezahlt hat.

Fortsetzung auf Seite 68

Fortsetzung von Seite 67

Teufelszeug – postmoderner Wirrwarr?

In der märchenhaften Erzählung „Die vierzehn glücklichen Tage" von Friedrich de la Motte Fouqué geht es um den begabten, aber armen Dichter Leonardo, der sich in die Prinzessin Cristaline verliebt und sich danach sehnt, nur ein einziges Mal mit ihr zu sprechen. Ein Pakt mit dem Teufel verspricht ihm die Erfüllung seines Wunsches.

Er schwirrte missmutig, unruhvoll auf den Saiten der Zither, die neben ihm lag, und verdeckte mit der andern Hand sein glühendes Gesicht, vor dessen auch geschlossnen Augen Cristalinens Reize nicht verschwinden wollten.

Da war es, als sage ihm einer ins Ohr: „Töricht, wer Bescheidnes wünscht." – Die Stimme klang schrillend hell, als er sich aber aufrichtete, war niemand zu sehn. „Es müssen die Zithersaiten gewesen sein", sagte er. „Entweder griff ich selbst in meiner Zerstreuung darauf, oder es streifte auch wohl ein nächtlich Geflügel drüber hin. Denn spät ist es schon, die Sonne ging bereits in den Golfo, und sieh, wie es sich von feuchten Nebeln auftürmt; sogar dicht neben mir, als wolle es sich mit auf die Bank lagern! Bin ich selber doch nichts als ein tränenfeuchter, verduftender Nebel!"

Damit warf er sich in seine vorige Stellung, aber der helle Schall drang wieder fast schmerzend in seine Ohren, rief: „Träumer, Träumer, auf! Die Zeit ist kurz, deine Wünsche lang!"

„Das ist wahr", sagte Leonardo umherschauend. „Wer kennt mich denn hier so gut?"

„Ich!", antwortete dieselbe Stimme, aus dem Nebel hervorgellend, der sich neben ihm auf der Bank zusammengerollt hatte. „Wisse nur, ich bin das, was ihr meistens den Teufel zu nennen pflegt, und habe mit dir zu reden."

„Bin ich denn wahnsinnig?", murmelte Leonardo. Es kam ihm vor, als bilde sich der Nebel mehr und mehr zu einer hässlich verzerrten Menschengestalt. Ein pfeifendes Lachen drang daraus hervor, dann sagte die Stimme weiter: „Ob du wahnsinnig bist? Von Engel und Teufel schwatzt ihr ums dritte Wort, glaubt meistens daran; erscheint's aber einem, so will ihm das kleine Gemütchen springen, will toll werden, weil ihm begegnet, wovon er schon vieles weiß, nur dass es nicht in ihn hineingehn will." – Und das misslautende Gelächter fing nach diesen Worten von Neuem an.

„Still, Satan!", rief Leonardo, sich ermutigend. „Lache anderswo! Mit mir, dem frommen Dichter, hast du nichts gemein."

„Muss doch wohl", kam die Antwort zurück, „woher sonst vernähmst du mich? Es mag immer ein ganz artiger diabolischer Resonanzboden in deinem frommen Dichtergemüt angelegt sein, dieweil ich so ausführlich in dich hineinsingen kann. – Aber lass gut sein, Bürschlein! Hör zu! Du möchtest Cristalinen?"

„Und du dürftest ihren Namen nennen? Dürftest ihn nennen in dieser Verbindung?", schrie Leonardo.

„Muss doch wohl", entgegnete der Teufel abermals, „tu ich's ja doch, muss es wohl können. Hör, Versmännlein, ergib dich mir, und das schöne Mägdlein ergibt sich dir."

„Du bist ein ungeschickter, einfältiger Teufel", sagte Leonardo verächtlich. „Lögst du auch nicht – ich liebe mein unsterbliches Leben, liebe Cristalinens unsterbliches Leben, wahre diese Lichter als mein urgöttliches Eigentum."

„Was jammerten denn Eure Edeln soeben?", hohnlacht' es aus dem Nebel zurück.

„Weil ich auch die sichtbare Blume liebe", rief Leonardo, „weil ich sie näher beschauen möchte, einatmen ihr reines Gedüft – aber davon weißt du Höllenbewohner nichts, weißt nicht, wie wenig der Liebende fremder Hülfe verdanken mag, am wenigsten Euch."

„Aber den Lüften und Flammen und Strömen und Tieren? Nicht?", so scholl es ihm entgegen – „da blast Ihr Flöten und sendet feurige Funken zu Boten und schifft übers Meer und jagt auf ungestümen Rossen – das kommt Euch brav vor – und alles sind ja nur Kräfte, gut, bös, nachdem man sie braucht – aber uns zu brauchen, da fehlt das Herz."

„Ihr seid ja", rief Leonardo, „die Stürme, die Flammen, die Fluten, die grimmen Bestien der ziellosen Ewigkeit, ein nie verrinnender Gräuel. Wer's mit Endlichen aufnimmt, steht drüber als ein Held; wer das Bleibende zum Kampf ruft, erliegt als ein frevelnder Tor."

„Herr", entgegnete der Teufel, „Ihr habt mich nicht zum Kampfe gerufen. Ich kam ohn Euer Zutun, weil Euer weiser Schöpfer ein Partikelchen von mir auch in Euern Sinn gelegt hat. – Von Kindheit auf, Knäbchen, tanzt' ich um deine Wiege! – Herr, du sollst mir dein ew'ges Glück nicht verschreiben. Das, weiß ich, gilt nicht. Ein einziger, recht innerlicher Gedanken zum Guten, und zerrissen wär unser Kontrakt. – Gerettet du, betrogen ich. Nein, nein! Nicht also. Aber auf Erden möcht ich dich zausen, raufen, verderben für alles, was du eben von mir geschmäht. Gib mir dein übriges zeitliches Glück,

Fortsetzung auf Seite 69

Fortsetzung von Seite 68

dein zeitliches nur, ich gebe dir vierzehn selige Tage in Cristalinens Armen."

„Nicht aus Teufels Händen des Engels Liebe", sagte verachtend Leonardo.

„Ihre Liebe kann ich dir nicht geben", gellte die Stimme. „Ihre Liebe hab ich nicht. Die musst dir hübsch selber gewinnen. Mittel nur, Mittel, die hab ich. Nimm nur aus Teufels Händen den Eintritt ins Hoflager, Geld, dich zu schmücken, armer Poet, und dergleichen Zeugs. Das nehmen die Klügsten meist aus keinen bessern Händen. Sprechen wolltest du die Prinzessin ja nur. Wohl gut. Treib's dann, so weit du selber willst. Gehst du nicht weiter – hei, so hat sich der Teufel verrechnet, und du bist frei; gewinnst du aber Cristalinens hübschesten Schatz, so ist dein leibliches Glück nach vierzehn Tagen des Genusses mein."

„Das leibliche Glück nur?", wiederholte Leonardo nachdenkend. „Das leibliche nur? Aber du betrügst mich, Erzfeind!"

„Betrüg dich selber nicht", rief dieser entgegen, „so kann ich's auch nicht. Unheil kann ich über dich bringen, Verzweiflung nur dir. Über dein äußres Leben will ich Macht, rächrische Macht. – Ho! Er besinnt sich. Wolltest ja nur die Erinnrung ihrer Rede, nun soll die Erinnrung ihrer Gunst nicht zureichen. – Bleibst im Staube, Männlein!"

„Schaff mich an Hof", schrie Leonardo plötzlich auf. „Ich will nicht, was du denkst, und wollt ich's, könnt ich's je erreichen – nun dann, das Leben ist kurz, vierzehn Tage göttlich lang, die Erinnerung solcher Wonne durch allen Jammer schön – was wollte dann Verzweiflung an mir? – Ich fühle meine Gewalt über dich, Satan! Schaff mich hin! Es gilt!"

„Es gilt!", brüllte ihm der Feind wie ein donnerndes Echo ins Ohr, darauf hob er sich, nun völlig gestaltet, in die Höh und schritt in ungeheurer Größe und Hässlichkeit, das Haupt weit jenseits der Pinienwipfel hinausstreckend, über die Mauern des Gärtchens hinaus. Der zitternde Leonardo glaubte, die widerwärtigen Züge noch aus der Ferne in der Bildung des nächt'gen Gewölkes zu erkennen.

Friedrich de la Motte Fouqué

Nachdem er vierzehn glückliche Tage mit Cristaline verbracht hat, erlischt der Zauber: Leonardo verliert Liebe, Ruhm, Ehre und Vermögen. Als er schließlich erkennt, dass er sich den Folgen des Paktes nicht entziehen kann und er der List des Teufels unterlegen ist, sticht er sich vor Cristalines Augen einen Dolch ins Herz. Doch statt seines Leichnams finden Diener später nur dunkles, schwarz geronnenes Blut.

Fortsetzung auf Seite 70

Aufgaben

2. Vergleichen Sie die Teufelsfiguren in den vorliegenden Textauszügen. Notieren Sie Gemeinsamkeiten und Unterschiede.

3. Welche Strategie wenden die beiden Teufel an, um ihre irdischen Gesprächspartner von ihrem „Angebot" zu überzeugen? Warum fällt die Saat dabei jeweils auf fruchtbaren Boden? Erläutern Sie.

4. Weisen Sie in den Texten Merkmale traditionellen bzw. modernen Erzählens nach. Markieren Sie diese ggf. mit verschiedenen Farben. Die folgenden Ausführungen von Dieter Wellershoff helfen Ihnen dabei.

Im modernen Roman wird der Leser nicht wie im traditionellen Roman vom Erzähler geführt und am Anfang mit den wichtigsten Informationen versorgt, sondern hineingestoßen in einen Fiktionsraum, der sich erst allmählich und vielleicht nie richtig, nie endgültig erschließt, der aber auch keine Fenster, keine Tür in ein sicheres Außerhalb hat.

Das war der rationale Komfort, den die traditionelle Erzählerposition, zum Beispiel die Rahmenerzählung, dem Leser bot: Er konnte den Konflikt, das Abenteuer, die Verwirrung aus der überlegenen Distanz, nämlich vom Ende her, vom Standpunkt der erreichten Problemlösung, der wiederhergestellten und bestätigten Ordnung, also mit den Augen der Weisheit und des Humors sehen. Vorgeführt wurde ihm ein Realitätsausschnitt, der eingebettet blieb im größeren Horizont des Allgemeinen und der außerdem schon nach bedeutenden und unbedeutenden Elementen, also konventionell selektiert war, so wie er sich nach einiger Zeit dem Langzeitgedächtnis einprägt.

In der literaturgeschichtlich jüngeren Erlebnisperspektive ist dagegen die Subjektivität total gesetzt. Es gibt kein Außerhalb und keine zeitliche Distanz. Alles erscheint so augenblickshaft, ungeordnet und subjektiv, wie die handelnde Person es erfährt.

5. „Heraus kam deshalb postmoderner Wirrwarr", sagt der Erzähler in Kraussers Roman. Informieren Sie sich im Zusammenhang mit Aufgabe 4 über den Begriff „Postmoderne" und erläutern Sie das Zitat.

6. Setzen Sie sich mit den Thesen der folgenden Rezension von Hubert Winkels kritisch auseinander.

Krausser hat also für seine Geschichte übers teuflische Geschichtenerzählen eine letzte metaphysische Schwundstufe gewählt, auf der die Menschen nur noch an sozialem Aufstieg oder gelegentlich an makabren Todesfällen interessiert sind, der letzte Transzendenzagent Teufel hingegen ganz menschlich an unerfüllter Liebe leidet. [...]

Der Leser weiß so wenig wie die Frau selbst, ob hier der Teufel tanzt oder die eigenen Wünsche, ob fantasiert wird oder intrigiert, und wenn, aus welcher Not heraus oder zu welchem Ende. Es ist ein luftiges Spiel, satirisch, frivol, spitzfindig. Aber wenn der Roman schon eine Psychiaterin zur Heldin hat, dann sollte er auch an der Kunst, in eine Seele zu schauen, partizipieren. Die Figur ist von der ersten Seite an fixiert, schlimmer: denunziert. Ihre Fühllosigkeit ist behauptet, ihr Begehren bleibt rein fleischlich und andererseits abstrakt. Damit verharrt die klug ausgetüftelte und imposant aufgezogene Verwicklung im Stadium einer Versuchsanordnung. [...]

Was wir dem Könner Krausser übelnehmen, ist eine Unbeteiligtheit des Erzählers, die auch uns unbeteiligt sein lässt. Selbst der coolste Teufel bedarf der Empathie, damit uns Lesern friert.

7. Stanislaus Nagy alias der große Bagarozy sagt: „Die Welt braucht mich nicht mehr. Ich hätte gehen sollen, als Gott ging." Verfassen Sie dennoch eine kurze Erzählung über einen teuflischen Auftritt in unserer heutigen Zeit.

8. Überprüfen Sie Ihre Ergebnisse zu den Aufgaben 4 bis 6 mit Hilfe von Seite 71.

Hinweise zu den Autoren

Helmut Krausser wurde 1964 in Esslingen am Neckar geboren. Er ist ein mehrfach ausgezeichneter Schriftsteller, Dichter und Bühnenautor und darüber hinaus auch als Journalist, Musiker und Schachspieler aktiv. Er lebt heute in Rom und Potsdam. Im Wintersemester 2007/08 wurde er mit der Poetikprofessur der Ludwig-Maximilians-Universität München bedacht. Selbstbewusst sagt er über sein Werk: „Liebe, Mythos, Tod – ich liebe es, das Große in unsere Zeit hineinzutragen.“ Sein 1997 erschienener Roman *Der große Bagarozy* wurde 1999 von Bernd Eichinger mit Til Schweiger und Corinna Harfouch in den Hauptrollen verfilmt.

Friedrich de la Motte Fouqué (1777–1843) entstammt einer altadeligen französischen Hugenottenfamilie aus Brandenburg. Nach seinem Militärdienst ließ er sich mit seiner Frau in Weimar nieder, begegnete dort u. a. Goethe und war, zunächst unter Pseudonym, als Schriftsteller tätig. Mit romantischen Schauer- und Ritterromanen erlangte er großen Ruhm, als Meisterwerk gilt die 1811 erschienene, teilweise mit fantastischen Elementen ausgestattete Märchenerzählung *Undine*. Ein Schlaganfall brachte ihn 1818 nicht von seinem literarischen Schaffen ab. Nach dem Tod seiner Frau 1831 heiratete er erneut und zog nach Halle an der Saale um, bevor er 1843 in Berlin nach Veröffentlichung seiner Memoiren starb.

Hinweise zu den Aufgaben

Zu 4 und 5: Wenn Krausser bzw. sein Erzähler von „postmodernem Wirrwarr“ spricht, so bezieht er sich damit auf die gleichnamige literarische Strömung aus der zweiten Hälfte des 20. Jahrhunderts, die sich bewusst von der „modernen“ Literatur absetzt. Die Postmoderne hebt die Trennung zwischen ernster und unterhaltender Literatur auf (was keinen Qualitätsverlust impliziert) und öffnet sich thematisch für die Welt der Medien und der modernen Kommunikationsmittel. Sie spielt mit literarischen Traditionen, mischt und collagiert. Einige ihrer engagierteren Vertreter verzichten auf eine lineare Erzählweise, sodass der Leser sich das Geschehen aus den subjektiv-sprunghaften, fragmentarischen Äußerungen, Reflexionen, Empfindungen, Erinnerungen und Beschreibungen selbst rekonstruieren muss. Ein berühmtes Beispiel ist Julio Cortazars Roman *Rayuela. Himmel und Hölle*, der sich auf das gleichnamige Kinder-Hüpfspiel bezieht und seine Leser dazu auffordert, anhand einer vorgegebenen Kapitelfolge kreuz und quer durch den Text zu springen. Postmoderne Helden erfahren ihr Leben häufig als fremdgesteuert und konditioniert, nicht als Ergebnis freier und eigener Entscheidungen. Schließlich geht der postmoderne Roman nicht mehr von einer verbindlichen, in sich geordneten Weltsicht und einem daraus erkennbaren Sinn des Lebens oder schlüssigen Zusammenhang aus. Stattdessen stellt sich diese vielschichtige und teilweise rätselhafte Welt dem Menschen als „Wirrwarr“ dar. Ein aktiver Leser ist gefordert, der die einzelnen vom Erzähler dargebotenen Informationen zu einem bzw. seinem Gesamtbild zusammenfügt und dem sich aus diesem Leseprozess heraus der Sinn des Textes erschließt. Durch intertextuelle Bezüge (in diesem Fall *Faust* und andere Teufelspakte im Sinne der Fremd- und Selbstverführung) wird spielerisch eine weitere Sinnebene konstruiert.
An der Figur Cora lässt sich erkennen, in welche Verlegenheit ein professioneller Verzicht auf Authentizität führen kann. Ihre Gesichtszüge entgleisen, weil sie in der gegebenen Situation aus dem vorhandenen Spielmaterial, d. h. aus dem Repertoire vorgestanzter Reaktionsweisen und Gefühle, nicht wählen kann. Der postmoderne Wirrwar, der sich in ihrem Gesicht spiegelt, zeigt so gleichsam eine Bruchstelle in ihrer psychotherapeutischen Maske.

Zu 6: Hubert Winkels' Kritik geht dahin, dass Krausser letztlich nur ein blutleeres, intellektuelles Spiel entfaltete, das auf der Spielidee oder der Versuchsanordnung basiere, die herkömmlichen Positionen auszutauschen: Der Mensch (Cora) ist von teuflischer Kälte, der Teufel (Nagy) von menschlichen Obsessionen beherrscht. Winkels fehlt bei diesem Spiel mit Mythos (Teufel) und Pathos (Obsession) die menschliche Tiefe; er fordert die Empathie des Erzählers für seine Figuren.
Zu diskutieren wäre, ob man sich Kritik und Forderung des Rezensenten anschließen möchte oder nicht.

Überschreibungen

Der Begriff „Überschreibungen" spielt auf den literaturwissenschaftlichen Begriff der Intertextualität an. Dabei wird das Verhältnis zwischen einem Text und seinem Bezugstext in den Blick genommen. Die Art und Weise, in der ein Text auf einen anderen Bezug nimmt, sagt dann etwas Genaueres über die Beschaffenheit des jeweiligen Verhältnisses aus. Zwischen Hommage und Kritik, Anverwandlung und ironischer Distanzierung ist hier vieles möglich.

Aufgabe

1. Lesen Sie die beiden Texte auf den Seiten 72 bis 73.

In der Konfrontation des einsamen Schriftstellers Detlev Spinell, der sich ins Sanatorium Einfried zurückgezogen hat, mit dem grobschlächtigen Kaufmann Klöterjahn thematisiert Thomas Mann den Zusammenstoß von Kunst und Bürgertum. Die Novelle „Tristan" entstand im Herbst des Jahres 1902.

Hier ist „Einfried", das Sanatorium! Weiß und geradlinig liegt es mit seinem lang gestreckten Hauptgebäude und seinem Seitenflügel inmitten des weiten Gartens, der mit Grotten, Laubengängen und kleinen Pavillons aus Baumrinde ergötzlich ausgestattet ist, und hinter seinen Schieferdächern ragen tannengrün, massig und weich zerklüftet die Berge himmelan.

Nach wie vor leitet Doktor Leander die Anstalt. Mit seinem zweispitzigen schwarzen Bart, der hart und kraus ist wie das Rosshaar, mit dem man die Möbel stopft, seinen dicken, funkelnden Brillengläsern und diesem Aspekt eines Mannes, den die Wissenschaft gekältet, gehärtet und mit stillem, nachsichtigem Pessimismus erfüllt hat, hält er auf kurz angebundene und verschlossene Art die Leidenden in seinem Bann, – alle diese Individuen, die, zu schwach sich selbst Gesetze zu geben und sie zu halten, ihm ihr Vermögen ausliefern, um sich von seiner Strenge stützen lassen zu dürfen.

Thomas Mann

Fortsetzung auf Seite 73

Fortsetzung von Seite 72

Überschreibungen

Im Roman „Jahrestage" von Uwe Johnson wird, beginnend mit dem 20. August 1967, in 366 täglichen Eintragungen aus dem Leben der Gesine Cresspahl und ihrer zehn Jahre alten Tochter Marie berichtet. Beide leben in New York. Zugleich erzählt Gesine ihrer Tochter, „für wenn ich tot bin", die Geschichte der Familie Cresspahl im Mecklenburg der dreißiger Jahre, während des Nationalsozialismus, in der sich anschließenden sowjetischen Besatzungszone und in den ersten Jahren der DDR. Unter anderem wird die Lebensgeschichte von Gesines Vater Heinrich Cresspahl erzählt, der während des Zweiten Weltkriegs für den britischen Geheimdienst arbeitet, nach dem Krieg von den Briten zum Bürgermeister im mecklenburgischen Jerichow ernannt wird, nach dem Abzug der Briten von den nachrückenden Sowjets jedoch verhaftet und für drei Jahre in sowjetische Internierungslager, unter anderem ins Gefängnis Fünfeichen, gebracht wird.

Hier liegt Fünfeichen, das Sanatorium! Bräunlich und geradlinig liegt es mit seinen Baracken und seiner Hauptwache inmitten der weiten Ödfläche, die mit matschigen Lattenrosten, Stacheldrahtgängen und gedrungenen Wachtürmen ergiebig ausgestattet ist, über seinen Pappdächern ragen tannengrün, massig und weich zerklüftet die Berge am Lindental und dem Tollense-See himmelan, und weithin sichtbare Tafeln am Zaun unterrichten den Freund der Landschaft in russischer und deutscher und englischer Schrift: Verbotene Zone. Eintritt verboten. Es wird geschossen!

Nach wie vor leitete die Rote Armee die Anstalt. Angetan mit ordensgeschmücktem Blouson, das weit über die bauschigen Breeches fällt, den Kopf unterm erdfarbenen Krätzchen erhoben, das Schnellfeuergewehr in Vorhalte, treibt der Armist den Häftling über die Lagerstraße voran, von Wissenschaft gehärtet und mit belustigter Verwunderung hält er auf kurz angebundene und verschlossene Art die Patienten in seinem Bann, – alle diese Individuen, die, zu schwach, sich selbst Gesetze zu geben und sie zu halten, ihm ausgeliefert sind mit Leib und Bewusstsein, um sich von seiner Strenge stützen lassen zu dürfen.

Es dauerte bis in den frühen Sommer, bis Cresspahl zu sich kam; er war wütend bedacht, es zu verbergen. Er hielt sich allen Ernstes für mulsch, angegangen, für abgerückt aus der Welt und danebengesetzt.

Zum einen, in seiner Erinnerung fand er nicht, wie er vom Kloster Malchow nach Fünfeichen hätte kommen können. Er kannte die Rote Armee aus dem ersten Herbst nach dem Krieg, die hätten ihn am Wiwerbarg erschossen, wenn er denn da aus den Pantinen gekippt war. Dass die Leute im Transport, Fremde, ihn mitgeschleppt hatten bis Waren und Penzlin und an den Tollense-See, es war nicht zu glauben. Ohne Ahnung war er auf einer unteren Pritsche im Lager Fünfeichen aufgewacht, wie von Nirgends her, zum Essen zu schlapp, zum Augenöffnen zu müde, lästig am Leben. Zum anderen, um sich in der stramm belegten Baracke hörte er wieder und wieder sprechen vom Lager Neubrandenburg. Dies aber war Fünfeichen, vier Kilometer vom Stargarder Tor; noch 1944 hatte er in dieser Gegend für die Briten nicht nur den Fliegerhorst Trollenhagen ansehen sollen, auch wie die Deutschen in Fünfeichen ihre Kriegsgefangenen hielten. Wenn er seinen Augen trauen wollte, war er im alten Südlager von Fünfeichen, in der Baracke 9 oder 10 S, neben dem Stacheldraht des Gemüsegartens, nach Burg Stargard hin, und im Norden war der eingezäunte Komplex der Werkstätten und Kammern wie auf seiner Zeichnung von damals. Konnte er sich dermaßen versehen? Warum dachten alle Neubrandenburg, nur er Fünfeichen? Zum Dritten, warum kam er nun immer noch nicht los von dem Verlangen nach einem Prozess, damit es zu Ende war? Hier war er doch am Ende.

Uwe Johnson

Aufgabe

2. Vergleichen Sie die Beschreibung des Internierungslagers Fünfeichen mit der des Sanatoriums Einfried. Arbeiten Sie die intertextuellen Bezüge zwischen den beiden Beschreibungen genau heraus.

Fortsetzung auf Seite 74

Fortsetzung von Seite 73

Aufgaben

3. Deuten Sie Uwe Johnsons Bezugnahme auf den Beginn der Tristan-Novelle. Lesen Sie dazu auch die folgenden Informationen zum Lager Fünfeichen.

ALLEN TOTEN VON FÜNFEICHEN
ZU IMMERWÄHRENDEM GEDENKEN
UND DEN LEBENDEN ZUR MAHNUNG
NACH 1945 KAMEN HIER
IN DIESEM LAGER
DER SOWJETISCHEN
SATZUNGSMACHT
TAUSENDE DEUTSCHE
MÄNNER, FRAUEN UND
JUGENDLICHE UM. SIE
STARBEN AN HUNGER
SEUCHEN UND KRANKHEIT
AUF ZWEI GRÄBERFELDERN
IM WALD UND AN ANDEREN
STELLEN SIND SIE ALS
NAMENLOSE DER ERDE ÜBER-
EBEN
ORDEN. DER WEG
UR DEUTSCHEN EINHEIT
JAHRE 1990 GAB DEN
PFERN IHRE WÜRDE ZURÜCK.
AUF DIESEM FRIEDHOF VON
KRIEGSGEFANGENEN DES II.
WELTKRIEGES RUHEN 500
SOLDATEN U. OFFIZIERE
IN EINZEL- GRÄBERN.
SIE KAMEN AUS BEL-
GIEN, FRANKREICH, GROSS-
BRITANNIEN, ITALIEN, DEN
NIEDERLANDEN, POLEN, SERBIEN,
DER SLOWAKEI UND DEN USA.
MEHR ALS 1000 KRIEGSGE-
FANGENE SOLDATEN D. ROTEN
ARMEE STARBEN IN FÜNF-
EICHEN AN DEN FOLGEN
SCHLECHTER
BEHANDLUNG. SIE WURDEN IN
GRUPPENGRÄBERN BESTATTET.

Zur Geschichte des Lagers: Im Jahr 1938 erwarb die Wehrmacht das Gut Fünfeichen am südlichen Rand der Stadtfeldmark von Neubrandenburg. Im Jahre 1939 begannen Arbeiten zum Bau einer Kasernenanlage, in der unter anderem ein Panzerausbildungstruppenteil stationiert wurde. Auf dem Gelände des Truppenübungsplatzes nördlich des Gutes entstand nach Kriegsbeginn ein Kriegsgefangenenlager, in welchem ab dem 12. September 1939 die ersten polnischen Kriegsgefangenen eintrafen. Im Jahre 1941 erweiterte die Wehrmacht im Südteil das Lager, um sowjetische Kriegsgefangene aus den Kesselschlachten unterbringen zu können. Insgesamt gab es 35 Häftlingsbaracken. Im März 1943 war das Lager mit rund 10400 Kriegsgefangenen belegt, später wuchs auf Grund von Evakuierungen anderer Lager die Zahl auf ca. 15000. Befreit wurden die Kriegsgefangenen am 28. April 1945 durch sowjetische Panzerverbände. Es existieren keinerlei Dokumente über die Opfer des Lagers. Laut Angaben der Gedenkstätte verstarben im Lager wahrscheinlich 2000 (darunter 1500 sowjetische) Kriegsgefangene. Die sowjetische Besatzungsmacht verwendete einige ehemalige Lager als spezielle Internierungslager (Speziallager). Hierzu gehörte auch das Lager Fünfeichen. Das Lager bestand bis zum Januar 1949 unter dem Namen „NKWD-Lager Nr. 9 Fünfeichen“, in dem ungefähr 15000 Frauen, Männer und Kinder interniert gewesen waren. Über 5000 Internierte starben auf Grund von Hunger, Seuchen und Krankheiten, welche auf die schlechten Haftbedingungen zurückgingen. In der Zeit von Juli bis September 1948 wurden 5181 Häftlinge in die Freiheit entlassen. 2801 Häftlinge wurden jedoch in das Speziallager Nr. 2 in Buchenwald und in das Lager 7 in Sachsenhausen transportiert.

4. Überprüfen Sie die Ergebnisse Ihrer Aufgaben mit Hilfe von Seite 75.

Fortsetzung auf Seite 75

Hinweise zu den Autoren

Thomas Mann (1875–1955) war einer der bedeutendsten deutschen Schriftsteller des 20. Jahrhunderts. Für seinen ersten Roman *Buddenbrooks* (1901) erhielt er 1929 den Nobelpreis für Literatur. Weitere Hauptwerke sind neben zahlreichen Erzählungen die Romane *Der Zauberberg* (1924), *Joseph und seine Brüder* (1933–1943), *Doktor Faustus* (1947) und *Bekenntnisse des Hochstaplers Felix Krull* (1954). Der entschieden kritischen Haltung seines Bruders Heinrich Mann zum Ersten Weltkrieg begegnete Thomas Mann mit polemischen und nationalkonservativen Äußerungen, sie wurden Anlass für einen jahrelangen Bruderzwist. Mit dem Ende des Krieges setzte sich auch Thomas Mann für die Demokratie ein und war überzeugter Befürworter der Weimarer Republik. Noch vor der Machtergreifung der Nationalsozialisten im Jahr 1933 trat der Schriftsteller als Mahner vor der „braunen Gefahr" auf. In dem betreffenden Jahr emigrierte er sofort in die Schweiz. Nachdem 1938 Österreich an das Deutsche Reich „angeschlossen" wurde, zog sich Thomas Mann in die USA zurück. 1941 siedelte er nach Pacific Palisades bei Los Angeles über. Während des Krieges, in den Jahren 1940 bis 1945, wurden seine monatlichen Ansprachen „Deutsche Hörer!" von der BBC nach Deutschland gesendet. Kurz vor Kriegsende, 1944, wurde er amerikanischer Staatsbürger. Sein öffentlicher Brief „Warum ich nicht nach Deutschland zurückkehre" aus dem Jahr 1945, in dem der Autor seine Auffassung von der Kollektivschuld der Deutschen äußerte, rief kritischen Widerstand hervor. Im Jahr 1952 siedelte Mann nach Erlenbach bei Zürich über und 1954 ließ er sich in Kilchberg nieder.

Uwe Johnson (1934 bis 1984) wuchs in Anklam an der Peene auf. Von 1952 bis 1954 studierte er Germanistik in Rostock, von 1954 bis 1956 in Leipzig. Wegen seiner politischen Einstellung wurde Johnson nicht in den Staatsdienst der DDR übernommen. 1959 übersiedelte er in einer von ihm als „Umzug" bezeichneten Aktion nach West-Berlin, wo er schon bald Kontakt zur „Gruppe 47" knüpfte. Es folgten Reisen in die USA (1961 und 1965) sowie ein Stipendiumsaufenthalt in der Villa Massimo in Rom (1962). Zwischen 1966 und 1968 lebte Johnson in New York. Seinen Lebensunterhalt bestritt er als Schulbuchlektor und durch Fördergelder der Rockefeller Foundation. Die Aufnahme in das PEN-Zentrum der Bundesrepublik sowie in die Westberliner Akademie der Wissenschaften 1969 dokumentierte die wachsende Bekanntheit des Schriftstellers im deutschsprachigen Raum. Er hatte unter anderem die Romane *Mutmaßungen über Jakob* (1959) und *Das dritte Buch über Achim* (1961) veröffentlicht. 1974 verließ Johnson Deutschland und ließ sich auf der Themse-Insel Sheerness-on-Sea nieder. 1977 wurde er Mitglied der Deutschen Akademie für Sprache und Dichtung. Johnson starb 1984 in Sheerness. Ein Jahr zuvor, nach einer über ein Jahrzehnt andauernden „Schreibhemmung", war der Abschlussband des fast 2000 Seiten umfassenden Hauptwerks *Jahrestage* erschienen.

Hinweise zu den Aufgaben

Zu 3: Bei Johnsons Spiel mit der Tristan-Novelle von Thomas Mann ist vor allem an zwei Assoziations- und Verweisungszusammenhänge zu denken: Sowohl das Sanatorium Einfried als auch das Lager Fünfeichen wurden im geschichtlichen Verlauf in doppelter Weise genutzt: Das nun bürgerliche Sanatorium war früher ein Fürstenschloss, das Lager Fünfeichen wurde ursprünglich als Kriegsgefangenenlager von der deutschen Wehrmacht errichtet, dann von den Sowjets als Internierungslager genutzt. Die Überschreibung des Krankenhauses Einfried durch das politische Gefängnis Fünfeichen legt außerdem die Assoziation politischer Abweichung mit einer Krankheit nahe, was ja ein typisches Merkmal der Behandlung politischer Abweichung und Kritik durch die nationalsozialistische und die kommunistische Diktatur war.
Durch den augenfälligen Kontrast zwischen der Art der Beschreibung und dem Gegenstand der Beschreibung (Gefangenenlager) bei Johnson wird auch deutlich, dass ein Schreiben im Stile Thomas Manns dieser Realität nicht mehr angemessen ist.

Glossar

Analepse: Nachträgliche Darstellung eines Ereignisses, das zu einem früheren Zeitpunkt stattgefunden hat als dem, den die Haupthandlung gerade erreicht hat.

auktoriales Erzählen: Erzählstruktur aus der Perspektive einer „allwissenden Überschau". Der Erzähler berichtet über Innen- und Außenwelt der Personen in der von ihm geschaffenen fiktiven Welt; er mischt sich oft auch (in Ich-Form) in das Erzählte ein, kommentiert es im Gespräch mit dem Leser oder erörtert mit ihm erzähltechnische oder andere Probleme.

Autor → implied author

Beschreibung → Ekphrasis

Bewusstseinsstrom (stream of consciousness): Radikale Form des → inneren Monologs, die Bewusstseinsabläufe scheinbar „authentisch" in all ihrer Inkohärenz darstellt: assoziative Gedankenkette (1. Person, Präsens, Indikativ, unvollständige Syntax).

Binnenerzählung: Bezeichnung für die in eine → Rahmenerzählung eingelagerte Erzählung; Erzählung in der Erzählung.

Darstellung: Die Form der erzählerischen Vermittlung einer → Handlung.

Dehnung (zeitdehnendes Erzählen): Eine zeitlupenartige Darstellungsweise, in der die → Erzählzeit (Textlänge) im Verhältnis zum Geschehen, von dem sie erzählt, besonders umfangreich ist.

Digression (Exkurs): Rhetorische Figur der Abschweifung vom direkten Gang der Rede oder der Erzählung.

direkte Rede (→ zitierte Rede; wörtliche Rede): Rede, die oft durch eine → Inquit-Formel eingeleitet wird.

Ekphrasis (Descriptio): In der älteren Rhetorik kunstgerechte Beschreibung u. a. von Personen, Sachen, Orten als Bestandteil der Rede und der Dichtung.

Ellipse (Zeitsprung, Aussparung): Ein Zeitabschnitt des dargestellten Geschehens, der in der erzählerischen Darstellung ausgespart wird. Wird die Ellipse im Erzählzusammenhang markiert, ist sie explizit („Viele Jahre später …"), andernfalls ist sie implizit.

Epische Gattungen: Sammelbezeichnung für die erzählenden fiktionalen Textformen wie Legende, Sage, Märchen, → Novelle, → Epos, → Roman usw.

Epos: Umfangreiche Verserzählung, entweder stichisch oder, seltener, strophisch fortschreitend. Nähere Bestimmungen des Typus werden durch Komposition oder Attribution gegeben (z. B.: Heldenepos, Tierepos, komisches Epos, späthöfisches Epos usw.).

Ereignis: Kleinste thematische Einheit der Handlung (→ Motiv).

erlebte Rede: Darstellung einer (ausgesprochenen oder nur gedachten) Figurenrede in der 3. Person (in Ausnahmefällen auch in der 1. Person) Präteritum Indikativ, ohne einleitendes verbum dicendi („Doch, jetzt wollte er Grete unbedingt von dem Nest erzählen!"). Im Unterschied zur → indirekten Rede bleibt in dieser Zwischenform von direkter und indirekter Rede der individuelle Stil der Figurenrede stärker erhalten.

Erzähler: In narrativen Texten diejenige Instanz, die die Informationen über die erzählte Welt vermittelt: → Ich-Erzählung, → Er-Erzählung, → implied author.

Erzählerkommentar: Bemerkungen eines Erzählers zum Erzählten oder auch zu seinem eigenen Erzählen (→ auktoriales Erzählen).

Erzählung: Eine Erzählung im weiteren Sinne kann durch Sprache ebenso vermittelt werden wie im Medium des Films, aber auch im Tanz oder in einer pantomimischen Präsentation. Die engere Bestimmung von Erzählung definiert diese als die kommunikative Vermittlung realer oder fiktiver Vorgänge durch einen Erzähler an einen Rezipienten.

Er-Erzählung / Ich-Erzählung: Die Klassifikation geht aus vom Gebrauch der Personalpronomina und unterscheidet im einfachsten Falle Texte, in denen der Erzähler mit einer als „Ich" bezeichneten Figur in der dargestellten Welt identisch ist (Ich-Erzählung), und solche, in denen er von allen Figuren in der 3. Person spricht (Er-Erzählung).

Erzählinstanz: Vermittelnde Instanz zwischen dem Autor und der erzählten Geschichte sowie zwischen Geschichte und Leser. Sie kann in der 1. Person auftreten oder als Figur in der erzählten Welt auftreten (→ Ich-Erzählung) oder in der 3. Person auktorial kommentierend zu Wort kommen.

Erzählperspektive (point of view): Blickwinkel, aus dem die Ereignisse erzählt werden (auktorial, personal oder neutral).

Erzählschema: Ein aus individuellen Erzählungen abstrahierter typischer Verlauf des Erzählens, der über ein stereotypes Handlungsschema hinaus auch Aspekte der Darstellung einschließt.

Erzählsituation: Vermittlungsform des Erzählens. Es gibt drei typische Erzählsituationen: die auktoriale (berichtende Darstellung durch einen nicht der erzählten Welt zugehörigen Erzähler), die personale (szenische, quasi-unmittelbare Darstellung vom Wahrnehmungsstandpunkt einer Figur der erzählten Welt aus) und die Ich-Erzählsituation (berichtende Darstellung durch eine Figur der erzählten Welt).

Erzählstrang → Komposition

Erzähltempo: Verhältnis von Handlungsdauer und Textlänge in erzählenden Texten.

erzählte Zeit: Zeitdauer der erzählten Geschichte (im Unterschied zur → Erzählzeit).

Erzählzeit: Zeitdauer, die für die Darstellung der Geschichte aufgewendet wird (im Unterschied zur → erzählten Zeit); sie wird am Textumfang (Seitenzahl) gemessen.

Fabel (Plot, Historie): Erzählanalytische Bezeichnung für die Ereignisfolge, also die Ordnung der einzelnen Geschehenspartikel, in ihrer logischen, chronologischen und psychologischen Abfolge.

Figurenrede: Oberbegriff für verschiedene Möglichkeiten, sprachliche Äußerungen von Figuren (→ Fiktion), aber auch Nicht-Geäußertes wie Gedanken in erzählenden Texten wiederzugeben.

Fiktion: Ein erfundener („fingierter") Sachverhalt oder eine Zusammenfügung solcher Sachverhalte zu einer erfundenen Geschichte. Auszugehen ist von dem traditionellen Gegensatz von Fiktion und Wirklichkeit (bzw. Wahrheit), von (ästhetischem) Schein und (außerästhetischem) Sein.

formelhaftes Erzählen → oral poetry

Geschehen: Folge von chronologisch aufeinander folgenden → Ereignissen mit konstantem Subjekt.

Geschichte: Das durch einen kausalen Erklärungszusammenhang motivierte und zu einem sinnvollen Ganzen integrierte → Geschehen einer Erzählung.

Handlung: Die Gesamtheit dessen, was erzählt wird, im Unterschied zur Art und Weise seiner erzählerischen → Darstellung; umfasst die Elemente → Ereignis, → Geschehen und → Geschichte.

Herausgeberfiktion: Der Autor/Erzähler gibt vor, einen nicht von ihm selbst verantworteten Text zu publizieren.

Ich-Erzählung → Er-Erzählung

implied author (impliziter Autor): Der implizite Autor (oder auch abstrakter Autor) tritt im Kommunikationsmodell literarischer Texte trotz seiner Stimmlosigkeit auf der Seite des Senders auf, ist dabei aber vom Erzähler ebenso wie vom realen oder fiktiven Autor zu unterscheiden. Der implizite Autor ist die personalisierte Version einer Abstraktion, nämlich der Vorstellung, die sich der Leser bei der Lektüre des Textes von dessen Autor, vom „Erfinder" des Erzählers, und von dessen Wertesystem macht.

indirekte Rede: Darstellung einer (ausgesprochenen oder nur gedachten) Figurenrede; im Unterschied zur → erlebten Rede wird die indirekte Rede durch ein verbum dicendi (→ Inquit-Formel) eingeleitet und anders als dort sind die indikativischen Verbformen in den Konjunktiv verschoben.

Innensicht/Außensicht → auktoriales Erzählen

Innerer Monolog: Eine Form der zitierten Rede; Darstellung von Figurenbewusstsein in der 1. Person Präsens.

Inquit-Formel: Das in die direkte Rede vom Erzähler eingeschobene „sagte er", „sprach sie" und seine stilistischen Varianten.

Intertextualität: Der Bezug zwischen einem Text und anderen Texten. Man rechnet nicht nur den Bezug eines Textes auf einen einzigen Prätext (d. h. Bezugstext) zur Intertextualität (Einzeltextreferenz), sondern auch den Bezug eines Textes auf eine literarische Gattung, eine Textsorte, Regeln der Rhetorik, einen Mythos und dergleichen (Systemreferenz). Anstelle von Prätext oder Referenztext hat man gelegentlich die Termini „Genotext" und „Phänotext" verwendet.

Komposition: Aufbau und Gestaltung eines Kunstwerks; spezifischer: Erzählfügung. Der literaturwissenschaftliche Begriff „Komposition" zielt auf die Erhellung von thematischer Bearbeitung sowie innerem und äußerem Aufbau eines literarischen Werkes; untersucht werden Rückwendung oder Vorausdeutung, Kohärenzbildung durch rekurrente Bilder und Motive sowie die Kategorie Erzählstrang (Einsträngigkeit oder Mehrsträngigkeit).

Kontext: Die Menge der für die Erklärung eines Textes relevanten Bezüge.

Leitmotiv: Regelmäßig wiederkehrendes Ausdrucks- oder Bedeutungselement in literarischen oder auch musikalischen Kunstwerken.

Motiv (Ereignis): Die kleinste thematische Einheit der Handlung. Man unterscheidet zwischen dynamischen (Figurenhandlungen und Geschehnisse) und statischen (Zustände und Eigenschaften) sowie zwischen verknüpften und freien (für den Handlungsverlauf notwendigen bzw. nicht notwendigen) Motiven.

Novelle: Narrative Gattung von dehnbarem Umfang. Für die frühe Novelle ist bezeichnend die Tendenz zur Zyklenbildung und die Zuspitzung auf ein markantes Mittelpunktereignis. Dieser engere, vor allem an der romanischen Novelle der Frühen Neuzeit abgelesene Typus wird in der deutschen Klassik und Romantik aufgegriffen: Die Novelle erzählt eine „unerhörte Begebenheit" (Goethe) aus der wirklichen Welt in konflikthafter Zuspitzung und meist mit überraschender Wendung. Daneben steht ein Novellenbegriff, unter den nahezu jede Erzählung mittlerer Länge mit literarischem Anspruch subsumiert werden kann.

oral poetry (mündliche Dichtung): Forschungsrichtung, die sich mit Tradierung, Form, Struktur und Themen des mündlichen Epos auseinandersetzt. Als Ergebnisse werden herausgestellt: Formelhaftigkeit des Erzählens, stereotype Beschreibungsmuster (Topoi) und Wiederholungen, direkte Darstellung.

personales Erzählen: Erzählstruktur, bei der das fiktionale Geschehen nur aus der Perspektive einer der am Geschehen beteiligten fiktiven Personen berichtet wird, d. h., statt einer allseitigen Darstellung der erzählten Welt erfährt der Leser diese subjektiv gedeutet und je nach Funktion, Charakter oder seelischer Verfassung der erlebenden Person (Mittelpunkts-, Randfigur, klug, kombinierend, weitsichtig, naiv, unwissend) mehr oder weniger relativiert oder fragmentarisch (→ auktoriales Erzählen).

point of view → Erzählperspektive

Prolepse (Vorausdeutung): Ein in der Zukunft liegendes Ereignis wird vorwegnehmend erzählt. Man unterscheidet zukunftsgewisse und zukunftsungewisse Prolepsen.

Raffung (zeitraffendes oder summarisches Erzählen): Stark zusammenfassendes Erzählen eines umfangreichen Geschehensabschnittes.

Rahmenerzählung: Erzählform, die in einer umschließenden epischen Einheit (Rahmen) eine fiktive Erzählsituation vorstellt, die zum Anlass einer oder mehrerer in den Rahmen eingebetteter → Binnenerzählungen wird.

Redebericht: Meist stark zusammenfassende Redewiedergabe in der 3. Person Präteritum Indikativ, ohne Innensicht, mit kommentierender Einmischung (→ zitierte Rede).

Roman: Großform der Erzählkunst in Prosa, die sich dadurch schon äußerlich vom → Epos und vom Versroman ebenso unterscheidet wie durch Umfang und Vielschichtigkeit von epischen Kleinformen, insbesondere von → Novelle und Kurzgeschichte.

Rückwendung → Analepse

showing → szenisches Erzählen

szenisches Erzählen (showing): Epische Darstellung ohne jede kommentierende Einmischung der Erzählinstanz (→ telling).

telling: Epische Darstellung mit kommentierender Einmischung der Erzählinstanz (→ szenisches Erzählen).

Thema: In der Musik: melodischer Grundgedanke eines Werkes oder Werkteils. In der Literatur: einheitsstiftender, die motivischen und stofflichen Einzelheiten integrierender und mit außerliterarischen Vorstellungs- und Erfahrungsbereichen verbindender Gegenstand.

Verserzählung: Erzählung in gebundener Rede (→ Epos).

Vorausdeutung → Prolepse

Zeitdeckung: Übereinstimmung von Erzählzeit und erzählter Zeit, realisiert durch szenische Darbietungsweisen oder Formen der Bewusstseinsdarstellung wie Dialog, indirekte Rede, → erlebte Rede und innerer Monolog (→ Erzählzeit).

Zeitdehnung → Dehnung

Zeitraffung → Raffung

zitierte Rede: Darstellung einer (ausgesprochenen oder nur gedachten) Figurenrede (→ Redebericht).

Quellenverzeichnis

Textquellen

S. 7 und 8: Uwe Tellkamp, Die Sandwirtschaft. Anmerkungen zu Schrift und Zeit. Suhrkamp Verlag, Frankfurt am Main 2009, S. 43–46.

S. 10: Uwe Timm, Rot. Kiepenheuer und Witsch Verlag, Köln 2001, S. 9–11.

S. 11: Uwe Timm, Von Anfang und Ende. Über die Lesbarkeit der Welt. Frankfurter Poetikvorlesung. Kiepenheuer und Witsch Verlag, Köln 2009, S. 17–19; 35.

S. 12: Johann Wolfgang von Goethe, Die Wahlverwandtschaften. In: Werke. Hamburger Ausgabe, Band 6. C. H. Beck Verlag, München 1998, S. 242.

S. 14: Interview mit Georg Klein: http://devries-klein.de/kindheit.html

S. 14 und 15: Georg Klein, Roman unserer Kindheit. Rowohlt Verlag, Reinbek 2010, S. 444–446.

S. 15 und 16: Friedrich de la Motte Fouqué, Undine. Insel Verlag, Frankfurt und Leipzig 1992, S. 97–99.

S. 16: Thomas Gransow, Romanschlüsse. Nach: http://www.thomasgransow.de/Fachmethoden/Deutsch/Bauformen_3.html

S. 18 und 19: Typhus. Aus: Meyers Konversationslexikon in 15 Bänden. Leipzig 1889, S. 957 f.

S. 20 und 21: Thomas Mann, Buddenbrooks. S. Fischer Verlag, Frankfurt am Main 1975, S. 511–514.

S. 22: Ebola. Nach: http://viren-ratgeber.de/virus-erkrankungen/ebola/krankheitsverlauf-ebola.html

S. 24 und 25: Feridun Zaimoglu, Liebesmale, scharlachrot. Kiepenheuer und Witsch Verlag, Köln 2002, S. 9; 13–17.

S. 25 und 26: Johann Wolfgang von Goethe, Die Leiden des jungen Werther. In: Werke. Hamburger Ausgabe, Band 6. C. H. Beck Verlag, München 1998, S. 7 f.

S. 26 und 27: Sophie von La Roche, Geschichte des Fräuleins von Sternheim. Reclam Verlag, Stuttgart 1997, S. 95–97.

S. 27: Klaus Hübner, Schelmenroman. In: Günther u. Irmgard Schweikle (Hg.), Metzler Literatur Lexikon. Begriffe und Definitionen. J. B. Metzler'sche Verlagsbuchhandlung, Stuttgart 1990, S. 412 f.

S. 29 und 30: Benjamin Lebert, Kannst du. Kiepenheuer und Witsch Verlag, Köln 2006, S. 46–49.

S. 30 und 31: Theodor Storm, Immensee. Boyens Verlag, Heide 2006, S. 19–21.

S. 32: Katja Pagelow: Zu allem Überfluss … Nach: http://www.justmag.net/artikel_benjamin_lebert_kannst_du.html

S. 32: Ein konkreter Vorwurf ist … Nach: http://fudder.de/artikel/2006/09/21/lehrer-trifft-lebert/

S. 34 und 35: Wilhelm Raabe: Zum wilden Mann. Reclam Verlag, Stuttgart 1994, S. 3–5.

S. 35 bis 37: Wolf Haas, Das Wetter vor 15 Jahren. Hoffmann und Campe Verlag, Hamburg 2006, S. 101–106.

S. 39 und 40: Dieter Wellershoff, Der Sieger nimmt alles. Goldmann Verlag, München 2002, S. 505–507.

S. 41: Dieter Wellershoff, Das Schimmern der Schlangenhaut. Frankfurter Vorlesungen. Suhrkamp Verlag, Frankfurt am Main 1996, S. 50 f.; 54 f.

S. 43 und 44: Daniel Kehlmann, Beerholms Vorstellung. Rowohlt Verlag, Reinbek 2007, S. 63–65.

S. 44 und 45: Theodor Fontane, Frau Jenny Treibel oder „Wo sich Herz zum Herzen find't". Reclam Verlag, Stuttgart 2004, S. 7–9.

S. 45 und 46: Daniel Kehlmann, Diese sehr ernsten Scherze. Poetikvorlesungen. Wallstein Verlag, Göttingen 2007, S. 10 f., 14 f., 18.

S. 48 und 49: Daniel Kehlmann, Die Vermessung der Welt. Rowohlt Verlag, Reinbek 2008, S. 13–17.

S. 49 bis 51: Eduard Mörike, Mozart auf der Reise nach Prag. Reclam Verlag, Stuttgart 1967, S. 3–6.

S. 51 und 52: Daniel Kehlmann, Diese sehr ernsten Scherze. Poetikvorlesungen. Wallstein Verlag, Göttingen 2007, S. 26–29.

S. 54 und 55: Uwe Tellkamp, Der Turm. Geschichte aus einem versunkenen Land. Suhrkamp Verlag, Frankfurt am Main 2008, S. 43–45.

S. 56 und 57: Thomas Mann, Buddenbrooks. Verfalls einer Familie. S. Fischer Verlag, Frankfurt am Main 1960/74, S. 530–533.

S. 58: Uwe Tellkamp, Die Sandwirtschaft. Anmerkungen zu Schrift und Zeit. Suhrkamp Verlag, Frankfurt am Main 2009, S. 57–59.

S. 60 und 61: Alissa Walser, Am Anfang war die Nacht Musik. Piper Verlag, München 2010, S. 134–137.

S. 62 und 63: E. T. A. Hoffmann, Der Sandmann. Reclam Verlag, Stuttgart 1991, S. 29 f.

S. 65 bis 67: Helmut Krausser, Der große Bagarozy. Rowohlt Verlag, Reinbek 1999, S. 44–51.

S. 68 und 69: Friedrich de la Motte Fouqué, Die vierzehn glücklichen Tage. In: Friedrich de la Motte Fouqué, Romantische Erzählungen. Winkler Verlag, München 1977, S. 198–200.

S. 70: Dieter Wellershoff, Über modernes und traditionelles Erzählen. In: Graf/Hönes: Magazin Deutsch 2. Buchner Verlag, Bamberg 1998, S. 23.

S. 70: Hubert Winkels, Teufelszeug. Helmut Kraussers kleiner Roman „Der große Bagarozy". In: DIE ZEIT, 40/1997 (26.9.97).

S. 72: Thomas Mann, Tristan. In: Das erzählerische Werk, Band 11. S. Fischer Verlag, Frankfurt am Main 1975, S. 163.

S. 73: Uwe Johnson, Jahrestage. Suhrkamp Verlag, Frankfurt am Main 1996, S. 1287 f.

Quellenverzeichnis

Literaturhinweise zum Glossar

1. Matias Martinez und Michael Scheffel, Einführung in die Erzähltheorie. C. H. Beck Verlag, München 1999, S. 186–192.
2. G. Baumgart, H. Fricke, K. Grubmüller, J.-D. Müller, F. Vollhart (Hg.), Reallexikon der deutschen Literaturwissenschaft in 3 Bänden. De Gruyter Verlag, Berlin, 2007.
3. Ansgar Nünning (Hg.), Metzler Lexikon Literatur- und Kulturtheorie. Ansätze – Personen – Grundbegriffe. Metzler Verlag, Stuttgar und Weimar 1998.
4. Hein Ludwig Arnold, Heinrich Detering (Hg.), Grundzüge der Literaturwissenschaft. dtv, München 1999.

Bildquellen

Titelfoto: picture-alliance / Keystone
S. 8: © Visual Concepts-Fotolia.com
S. 13: picture-alliance
S. 17 oben: akg-images/Michael Zapf, Mitte links: akg-images
S. 21: Cinetext/Richter
S. 23: akg-images
S. 24: picutel-alliance/dpa
S. 28 oben: picture-alliance/ Erwin Elsner, Mitte: akg-images; unten: akg-images
S. 33: akg-images
S. 38 oben: akg-images; Mitte: akg-images/Bruni Meya
S. 42: akg-images/Hansgeorg Schöner
S. 47 oben: akg-images/Michael Zapf; Mitte: akg-images
S. 53: akg-images; S. 55: akg-images/Bildarchiv Monheim
S. 56: Cinetext/RR
S. 59 oben: akg-images/Doris Poklekowski, Mitte: akg-images
S. 63: akg-images
S. 64 oben: picture-alliance/ZB, Mitte: akg-images
S. 66: akg-images/dpa
S. 71: picture-alliance/dpa, Mitte: akg-images
S. 74: Wikipedia
S. 75: akg-images/Binder

Nicht bei allen Abbildungen und Texten konnten wir den Rechteinhaber ausfindig machen. Berechtigte Ansprüche werden wir im üblichen Rahmen vergüten.